Bibliografische Information der Deutschen Nationalbibliothek:
Die Deutsche Nationalbibliothek verzeichnet diese Publikation in der
Deutschen Nationalbibliografie. Detaillierte bibliografische Daten sind
im Internet über http://dnb.d-nb.de abrufbar

Mit Lucius dem Legionär auf den Spuren der alten Römer

Römische Geschichte für Kinder

LEON FISCHER

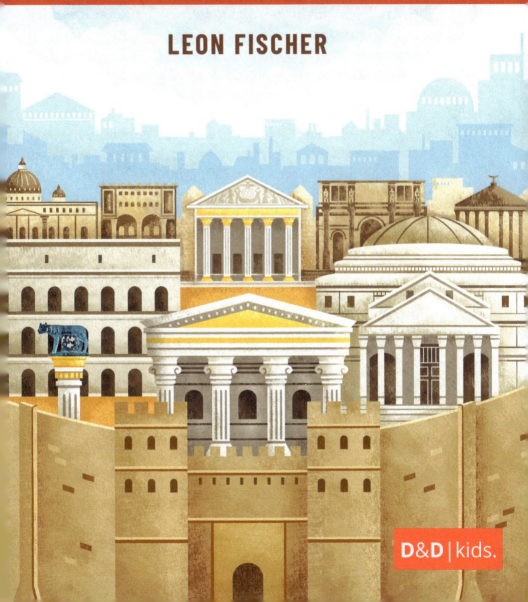

D&D | kids.

SALVETE LIBERI!
Seid gegrüßt, liebe Kinder!

Es ist mir eine besondere Ehre, dass ich euch Rom zeigen darf. Ich bin vielleicht nicht ganz so gelehrt wie die Philosophen oder wie der *Grammaticus*[1] in der Schule. Aber ich bin in meinem Leben viel herumgekommen. Ich behaupte gern, dass ich das ganze Imperium Romanum kenne. Das stimmt natürlich nicht ganz, denn dazu ist es viel zu groß! Doch ich bin weit gereist, ich war in *Hispania*[2], dem Rand der Welt im Westen, und im Osten bin ich bis nach *Syria Palaestina*[3] gekommen. Auch *Gallia*[4] habe ich bereist. Aber am besten ist es natürlich zu Hause in Rom. Ich liebe die Thermen, das Essen in den *Tabernae*[5] und natürlich die Spiele! Welche Spiele, fragt ihr euch? Wenn ich mal in paar Monate in Rom verbringe, warte ich am sehnlichsten auf die Circenses, die Rennen mit Pferdewagen im Circus *Maximus*[6].

Aber wartet! Ich habe mich ja noch gar nicht vorgestellt. Mein Name ist Lucius. Das wird nicht, wie ihr vielleicht denkt, wie „Luzius" ausgesprochen, nein! Bitte nennt mich „Lukius", denn so sprechen wir in Rom das „C" aus.

Vermutlich sprecht ihr gar nicht, wenig oder noch nicht so gut Lateinisch, kommt mir gerade in den Sinn (oder etwas in der Art). Das ist nicht schlimm, denn ihr habt Glück, dass ich ein paar Fremdsprachen beherrsche. So ein Glück, dass ich ein paar Fremdsprachenbeherrsche. Auf meinen Reisen habe ich ein wenig Griechisch aufgeschnappt, und ich kann auch ein paar Wörter Gallisch und natürlich Germanisch.

Nun fragt ihr euch bestimmt, in welchem Beruf man so viel herumkommt wie in meinem.

An meiner kurzen *Tunica*[7], meinen *Caligae*[8] und daran, dass ich meinen *Gladius*[9] auf der rechten Seite trage, könnt ihr erkennen, dass ich Soldat bin – genau genommen bin ich ein miles *gregarius*[10]. Ihr sagt "Legionär" dazu. In der Legion sind wir gewöhnlichen Soldaten für die schweren Arbeiten zuständig. Meine Legion ist die LXVII. und ich habe die besten Kameraden, die ihr euch vorstellen könnt.

[1] Das ist der "Grammatiklehrer", der die älteren Kinder von etwa 10 bis 15 Jahren unterrichtet.

[2] Von "Hispania" kommt der Name "Spanien", in der Antike hieß so aber die gesamte iberische Halbinsel, also das heutige Spanien und Portugal zusammen.

[3] So hieß seit der Zeit Kaiser Hadrians das ehemalige "Iudaea", eine Provinz im heutigen Libanon, Israel und Palästina.

[4] "Gallia" ist natürlich Heimat der Gallier, also der Kelten, im Gebiet des heutigen Frankreich, Belgien, Westdeutschland, Norditaliens und der Nordschweiz.

[5] Das sind die Tavernen, antike Gasthäuser, in denen Wein ausgeschenkt und deftiges Essen serviert wurde.

[6] Der "riesengroße Circus" war eine längliche Freiluftarena, in der Wagenrennen und andere Darbietungen stattfanden.

[7] Die Uniform der Römerinnen und Römer, die praktisch alle trugen, sh. I.II Wie wir uns in Rom kleiden.

[8] Die genagelten Sandalen der römischen Soldaten.

[9] Römisches Kurzschwert

[10] Ein gewöhnlicher Soldat

O *Pollux*[11]! Da fällt mir etwas ein! Wenn ihr keine Römer seid und kein oder nur wenig Latein sprecht, dann könnt ihr wohl auch unsere Zahlen nicht lesen. Die LXVII. Legion ist die 67., wenn man euer Zahlensystem benützt. Auf meiner *Tabula cerata*[12] habe ich kurz für euch zusammengefasst, wie das bei uns mit dem Zählen funktioniert.

Die römischen Zahlen werden als Buchstaben geschrieben. Die größten Zahlen stehen ganz links, die kleinsten rechts. Dies sind die Buchstaben, die wir verwenden:

I=1	**X=10**	**C=100**	**M=1000**
V=5	**L=50**	**D=500**	

Für jeden Tausender wird ein **M** geschrieben, für jeden Hunderter ein **C**, für jeden Zehner ein **X** usw.

Die Zahl **MMCXXIII** bedeutet demnach **2123**.

Damit die Zahlen nicht zu lang werden, gibt es eigene Buchstaben für fünf, fünfzig und fünfhundert.

Die Zahl **MDCLXXVIII** steht für **1678**.

Außerdem werden auch einige weitere Zahlen anders geschrieben:

IV=4	**XL=40**	**CD=400**
IX=9	**XC=90**	**CM=900**

Die Zahl **CDXCIX** heißt dann also **499**.

Es stehen nie mehr als drei gleiche Buchstaben nebeneinander.

Nun wird es aber Zeit, dass wir uns auf unsere gemeinsame Reise begeben. Für euch ist es ein großes Abenteuer, aber ich beginne ganz einfach in meiner Heimat. Zuerst möchte ich zeigen, wie wir in Rom so leben. Ihr könnt meinen Alltag kennenlernen und ich werde euch eine ganze Menge über unsere Sprache, unsere Kleidung, unser Essen und natürlich über meine geliebten Spiele erzählen. Aber ich will euch nicht nur das Rom eines einfachen Legionärs zeigen – ihr bekommt auch ein paar Einblicke in das Leben der piekfeinen Leute. Und natürlich will euch auch einiges über den Kaiser erzählen. Vielleicht interes-siert euch auch, wie es den Kindern bei uns in Rom geht.

Als Nächstes möchte ich euch die glorreiche Geschichte des Imperium Romanum näherbringen. Ich muss aber erwähnen, dass nicht alles daran so glorreich ist. Jedenfalls werdet ihr einiges zum Fürchten, aber auch zum Lachen erfahren.

Dann will ich euch noch etwas über unsere Götter erzählen, die wir in den Tempeln verehren. Religion ist in unserem Alltag sehr wichtig und über die Götter und Halbgötter gibt es die tollsten Fabulae zu erzählen.

Und am Ende könnt ihr euch selbst auf die Spuren von uns Römern begeben und erkunden, was aus unserer Kultur auch in eurer Zeit noch zu finden ist.

Folgt mir, meine Liberi! Wir begeben uns sogleich auf die Straßen Roms!

---

[11] Pollux und sein Bruder Castor sind legendäre Zwillinge aus der römischen Mythologie, also den religiösen Legenden der Römer, sh. III.II Welche Göttinnen und Götter es gibt.

[12] Das ist die Wachstafel, auf der die Römer im Alltag schreiben. Zwei oder drei kleine Holzbrettchen waren mit Bienenwachs überzogen, in das man mit einer Art Metallschrift schrieb. Hinterher konnte man das Wachs wieder glattstreichen und von vorne beginnen.

INHALTSVERZEICHNIS

KAPITEL I

Wie wir in Rom leben

I.I Welche Sprache wir in Rom sprechen

Wer in Rom die Ohren spitzt, bekommt ein echtes Klangspiel aus vielen verschiedenen Sprachen zu hören. Griechisch wird nicht nur von Griechen gesprochen, sondern auch von gebildeten Römern. Besucher aus dem Norden sprechen Gallisch, Germanisch oder Britannisch. Aus **Africa**[13] im Süden ist das Punische bis nach Rom vorgedrungen und auch Ägyptisch bekommt man noch manchmal zu hören. Auch Hebräisch und Aramäisch, die Sprachen von *Iudaea*[14] werden viel gesprochen.

Aber die eigentliche Sprache Roms ist natürlich Latein. Bei euch gilt Latein als "tote Sprache", die niemand mehr spricht, und es gilt auch als besonders schwierig. Ich kann das beides nicht verstehen. Latein ist wirklich nicht besonders schwierig, und außerdem ist es eine lebendige Sprache mit unglaublich vielen Wörtern. Wir haben in Rom eine Menge großer Dichter und Tragödienschreiber. Aber unsere Fuhrknechte kennen auch viele tolle Schimpfwörter, die ich hier nicht in den Mund nehmen will. Ein besonders schönes Latein wird im Tempel und von den Rednern auf den öffentlichen Plätzen gesprochen – zumindest meistens.

Außerdem kennen wir Römer viele witzige und schöne Sprichwörter. Hier verrate ich euch ein paar von meinen liebsten Sprüchen, die ich tagein, tagaus verwende:

PLENUS VENTER NON
STUDET LIBENTER.
Ein leerer Magen arbeitet nicht gern.
Das muss ich nicht lange erklären, oder?

FORTES FORTUNA ADIUVAT.
Den Mutigen hilft das Glück
(oder auch: Den Mutigen hilft Fortuna, das ist bei uns
Römern die Göttin des Schicksals).

ACTA EST FABULA.
Was geschehen ist, ist eine Legende.
Also muss man sich über Dinge, die schon passiert sind, nicht
mehr den Kopf zerbrechen, sondern mutig nach vorne schauen.

POSSUM SED NOLO.
Ich kann, aber ich will nicht.
Das sage ich mir oft insgeheim, wenn mein *Centurio*[15] uns
wieder mal eine besonders schwierige Arbeit aufgetragen hat.

SCIO ME NIHIL SCIRE.
Ich weiß, dass ich nichts weiß.
Das hat der griechische Philosoph Sokrates gesagt, und ich
finde er hat recht. Die klugen Leute bilden sich oft viel zu viel
ein, dabei wissen sie auch nicht viel mehr als ich
(nämlich nichts).

---

[13] "Africa" bezeichnet nicht den ganzen Kontinent Afrika, sondern nur einen kleinen Teil Nordafrikas im heutigen Tunesien und Libyen.

[14] "Iudaea" hieß der Teil der Welt, der von Jüdinnen und Juden bewohnt wurde, später dann "Syria Palaestina" genannt.

[15] Der Centurio war der Vorgesetzte der einfachen Soldaten, der genau hundert Mann befehligte (von centum... 100).

Eigentlich könnt ihr diese Sprüche mit eurem germanischen Akzent ganz gut aussprechen. Ihr müsst nur darauf achten, dass das "C" wie ein "K" klingt, und das "R" müsst ihr mit der Zungenspitze rollen. "U" gibt es in unserem Alphabet keines, dafür wird ein "V" immer wie ein "U" ausgesprochen. Die Göttin Venus wird also "VENVS" geschrieben und "Uenus" ausgesprochen.

Auch fast MM Jahre nach unserer Zeit kennen noch viele Menschen diese Sprichwörter und verwenden sie manchmal. Trotzdem stimmt es, dass in eurer Zeit niemand mehr Latein als Muttersprache lernt. Doch sogar in eurem modernen Germanisch stecken jede Menge lateinische Wörter, angefangen bei eurem "Fenster", das bei uns "fenestra" heißt, über den "Kelch", der von "calix" kommt, bis hin zu schwierigen Wörtern wie "Kollegium" oder "Halluzination", die bei uns fast völlig gleich klingen. So viel zur Frage, ob Latein eine tote Sprache ist: Nein, ganz bestimmt nicht!

Und nun, ihr wollt noch wissen, ob Latein schwierig zu lernen ist. Nun, ich kann mich nicht daran erinnern. Aber wir haben in Rom sehr viele Ausländer aus den *Provinciae*[16] und sie alle lernen früher oder später unsere Sprache. Wenn ihr einen unserer großen Autoren wie Vergil oder Seneca lesen möchtet, werden euch die vielen verschiedenen Zeitformen ganz wuschig machen (zumindest geht es mir so...), aber das gewöhnliche Straßenlatein ist ganz simpel. Was euch vielleicht komisch vorkommt ist, dass wir für unsere Hauptwörter nicht wie ihr IV, sondern VI Fälle haben. Einer davon ist nur dazu da, eine Person anzureden (das ist er Vokativ). Wenn ihr mich also rufen wollt oder dringend eine Frage stellen möchtet, ruft nicht "Lucius", sondern "Luci"! Alles klar? Dann weiter! In medias res, wie wir Römer sagen – mitten rein in die Sache!

I.II Wie wir uns in Rom kleiden

Wenn ihr so mit mir durch die Straßen schlendert, fällt euch an den Leuten bestimmt eines gleich auf: Es trägt ja überhaupt niemand Hosen! Gut beobachtet, im Gegensatz zu euch finden wir Römer Hosen – besonders lange Hosen – nicht besonders stilvoll. Den Galliern mag diese Mode gefallen, aber uns sind lange Beinkleider zu warm und zu wenig elegant. Stattdessen tragen wir allesamt, Männer wie Frauen, Arme wie Reiche, stets eine Tunica und darüber eines von verschiedenen Obergewändern.

Bekleidung der Männer

Wie ihr gesehen habt, ist meine Tunica recht kurz, weil ich mich als Legionär viel bewegen muss. Mit einem Gürtel aus Stoff um die Hüften kann ich die Länge so einstellen, wie es mir gerade

---

[16] Die Provinzen Roms, also, die Teile des römischen Reichs außerhalb des heutigen Italien.

passt. Auch Handwerker tragen eine solche kurze Tunica. Bei den wohlhabenden Leuten darf sie etwas länger sein, weil die es sich in ihren schattigen Gärten und schönen Häusern gemütlich machen können und nicht so viel zu arbeiten brauchen. Auch Beamte, Anwälte, Politiker und Redner tragen ihre Tunica etwa knielang. So genau weiß man es nicht, weil die bei ihren öffentlichen Auftritten immer noch eine Toga über der Tunica tragen.

Die Toga ist eine komplett römische Erfindung, die uns niemand so schnell nachmacht. Eigentlich ist sie einfach ein sehr langes Stück Stoff, sagen wir, VI Meter lang und II Meter breit. Das wird dann mehrfach um die Hüften geschlungen und hängt bis zum Boden. Das letzte Stück schlagen sich die eleganten Männer dann noch einmal kunstvoll über eine Schulter. Wer eine Toga trägt, sagt: "Ich möchte respektiert werden, denn ich bin ein römischer Bürger!"

Die Toga ist eine komplett römische Erfindung, die uns niemand so schnell nachmacht. Eigentlich ist sie einfach ein sehr langes Stück Stoff, sagen wir, VI Meter lang und II Meter breit. Das wird dann mehrfach um die Hüften geschlungen und hängt bis zum Boden. Das letzte Stück schlagen sich die eleganten Männer dann noch einmal kunstvoll über eine Schulter. Wer eine Toga trägt, sagt: "Ich möchte respektiert werden, denn ich bin ein römischer Bürger!"

Sklaven dürfen deswegen auch keine Toga tragen, nur freie Römer. Ich selbst habe eine einzige Toga, und die trage ich nur zu ganz besonderen Anlässen. Ehrlich gesagt ist sie nämlich nicht besonders gemütlich. Könnt ihr euch vorstellen, wie schwer so eine lange Stoffbahn ist? Außerdem ist sie, wie sehr viel von unserer Kleidung, aus Wolle und deshalb ziemlich warm. Sie passt also besser zu Leuten, die den lieben langen Tag in einer luftigen *Basilica*[17] arbeiten können.

---

[17] Ein großes öffentliches Gebäude im Zentrum jeder größeren Stadt, in der zum Beispiel Gerichtsverhandlungen und öffentliche Kundgebungen stattfanden.

Meine Tunica dagegen ist aus kühlem Leinen gemacht und viel bequemer. Wenn es kälter wird, trage ich, wie viele andere auch, eine längere Tunica aus Wolle darüber. Außerdem haben wir Legionäre eine warme Paenula für den Winter, das ist ein Kapuzenmantel aus Wollfilz, den wir praktisch über den Kopf ziehen können. Außerdem tragen wir einen bronzenen Helm, der sowohl schützt, als auch wärmt. Nur Centurionen dürfen auf ihrem Helm auch eine Crista tragen, das ist ein roter Helmbusch aus Rosshaar. Sie finden das natürlich ganz toll, aber ich finde, er sieht eher lächerlich aus. Aber er ist natürlich sehr praktisch, um den Centurio schon von Weitem zu erkennen.

**Ein Centurio mit Helmbusch und ein Legionär
mit einer Paenula aus Bärenfell.**

In der Stadt tragen viele Männer ein Pallium, eine Art Umhang, in den man sich gemütlich einwickeln kann. Oft lassen sie dabei einen Arm frei.

Ähnlich ist die Palla der römischen Frauen, allerdings ziehen diese sich ihren Umhang oft noch als Schleier über den Kopf. Überhaupt sind die Frauen hier in Rom recht sittsam gekleidet. Ihre Tunica reicht meist bis zu den Knöcheln. Darüber tragen sie ein ärmelloses Kleid, die Stola – zumindest dann, wenn sie verheiratet sind. Das sieht zusammen ziemlich elegant aus. Früher durften auch Frauen eine Toga tragen, aber unser guter alter Kaiser Augustus fand das gar nicht gut. Heute haben nur unverheiratete Mädchen manchmal eine Toga an.

Bekleidung der Frauen

Kinder brauchen aber normalerweise nicht so sehr auf ihre Kleidung zu achten: Sie tragen eher kurze Tunicae aus Leinen, und wenn sie es sich leisten können, sind sie in den schönsten Tönen gefärbt. Farbige Stoffe können bei uns recht teuer sein, und mit Abstand am teuersten ist Purpur. Die Farbe muss nämlich aus ganz speziellen Meeresschnecken gewonnen werden, und davon braucht es ungemein viele. Deshalb darf auch nur der Kaiser einen purpurfarbenen Umhang tragen, und die Senatores haben einen einzelnen purpurfarbenen Streifen an ihrer Toga.

Wir gewöhnlichen Leute tragen oft graue, braune oder naturweiße Kleidung, aber mit verschiedenen Pflanzen kann man auch sehr schöne Grün-, Blau-, Gelb- und Rottöne färben. Das sind dann unsere Tunicae für besondere Anlässe. So tragen wir in Rom zwar fast alle die gleichen Kleidungsstücke, aber an der Farbe und am Stoff kann man erkennen, ob jemand eher reich oder arm ist. Außerdem sieht man auch an Schuhen, Kopfbedeckung und Schmuck, mit wem man es zu tun hat. Meine Caligae sind zum Beispiel aus sehr festem Leder gemacht und an den Sohlen mit Nägeln beschlagen. So erkennt jemand mit geübtem Blick sofort, was mein Beruf ist. Außerdem trage ich meinen eigenen Siegelring. Wenn ich einen Brief schreibe, verschließe ich ihn mit flüssigem Wachs und drücke dann mein Siegel – das Bild eines Eichelhähers – darauf. Daran können die Leute erkennen, das ich aus einer guten Familie stamme und außerdem lesen und schreiben kann.

I.III Wie die Menschen in Rom zusammenleben

Meine Familie ist zwar in unserem Dorf, in Falerii Novi, sehr angesehen, aber in Rom sind wir nicht besonders bekannt.

Doch es gibt Familien, die eine besondere Rolle im Staat haben und die deshalb richtig berühmt sind. Das sind die Patrizier. Sie sind furchtbar aufgeblasen und müssen die ganze Zeit darauf achten, dass sie nur ja eine gute Figur machen. Viele von ihnen sind sehr gebildet. Außerdem sind viele Patrizier sehr reich. Man erkennt sie daran, dass sie ihre Nase sehr hoch tragen und am liebsten jeden Tag in der Toga spazieren gehen oder sich noch lieber von ihren Leibwächtern in einer *Lectica*[18] tragen lassen. Außerdem tragen sie ja alle dieselben paar Familiennamen, und wenn einer Claudius

---

[18] Eine Sänfte, ist ein bequemer, tragbarer Sessel bzw. ein Gestell mit Sitz, mit dem Würdenträger und Menschen mit Gehschwierigkeiten herumgetragen wurden.

oder Iulius heißt, wisst ihr gleich, was los ist. Allerdings war auch unser großer Gaius Iulius Caesar ein Iulier, also sind manche von ihnen ziemlich in Ordnung.

Trotzdem bin ich ziemlich froh, dass ich kein Patrizier, sondern Plebejer, also einer aus dem einfachen Volk bin, auch wenn wir es nicht ganz so leicht im Leben haben. Meine Eltern haben einen großen Bauernhof und ehrlich gesagt ist es ein großes Glück, dass ich es ins Heer geschafft habe. Ein Leben als Bauer wäre nichts für mich!

Ich bin gerne unterwegs und schaue mir die Welt an, und das können sich bei uns fast nur die Reichen leisten – außer man ist ein Miles, so wie ich, oder man darf als Sklave mit seinen Herren verreisen.

Sklavinnen und Sklaven gibt es in vielen römischen Haushalten und auch meine Eltern haben auf ihrem Bauernhof III Sklaven, die bei der Feldarbeit und in der Küche helfen. Das muss man sich aber leisten können, denn ein gesunder, junger Sklave oder eine Sklavin kostet etwa MM Sesterzen, das ist etwas mehr als ich in einem Jahr verdiene. Ein gebildeter Sklave oder einer, der ein Handwerk beherrscht, kann gut und gerne V-mal so viel kosten und für einen erfolgreichen Gladiatoren könnt ihr schon das L-fache dafür hinblättern. Jeder Sklave, egal wie teuer, gehört seinem Herren und muss alles tun, was der von ihm verlangt. Er kann auch weiterver-kauft werden.

Viele Ausländer aus dem Osten oder Norden finden es schrecklich, dass wir Römer mit Menschen handeln. Es ist gewiss nicht sehr schön und ich bin sehr dafür, dass wir Sklaven wie Freunde behandeln sollten, wie unser großer Philosoph Seneca meinte.

Wenn ein Sklave sehr tüchtig oder klug ist oder sein Herr ihn einfach nur gern hat, kann er ihn außerdem freilassen. Der Sklave wird dann zum römischen Bürger, er darf sich frei bewegen und bekommt für seine Arbeit einen Verdienst. Außerdem erhält er einen vollen römischen Namen, nämlich den seines Herren.

In Rom haben aber viele Menschen nicht nur kein Geld für Sklaven, sondern auch keinen Platz. Ich kenne Familien, die mit mehreren Kindern nur ein Zimmer bewohnen. Weil Rom immer enger wird, leben viele Leute in Insulae, das sind billig gebaute Häuser, die weit in die Höhe ragen. Hin und wieder passiert es, dass eine solche Insula in sich zusammenbricht und ihre Bewohner unter sich begräbt.

Aber diese Leute haben es zumeist immer noch besser als die vielen Bettler auf den Straßen Roms, von denen nicht wenige noch Kinder sind. Ja, es gibt eine Menge armer Leute in Italia und im ganzen Reich.

Die wohlhabenden Leute in ihren *Domus*[19] dagegen leben ein ganz anderes Leben. Roms schönste Häuser sind aus solidem Stein gebaut und mit wunderbaren Bögen, Statuen und Säulen verziert. Es gibt immer einen Innenhof mit einem Regenwasserbecken, in dem oft die schönsten Gärten angelegt werden. Die Räume sind luftig und hell und mit den herrlichsten Möbeln aus exotischen Hölzern ausgestattet. Ich muss sagen, wenn ich eine solche Domus besuche, bin ich mein einfaches Legionärsleben manchmal leid. Aber ich kenne keinen Römer, der so viel herumgekommen ist wie die Soldaten aus meiner Legion, und das ist ja auch etwas.

Auf diese Weise habe ich viele andere Völker kennengelernt. Ich weiß, dass die Griechen wunderbare Tempel gebaut haben; ich habe erlebt, dass die Ägypter Krokodile anbeten und Hunde braten; in Mauretania bin ich auf einem Kamel geritten; und in Aquitania habe ich einmal sogar Hosen getragen!

---

[19] Das waren im alten Rom großzügige Einfamilienhäuser, die sich nur wohlhabende Menschen leisten konnten.

I.IV Wozu wir einen Kaiser brauchen

Das ist eine ziemlich gute Frage, auf die ich euch eine schnelle Antwort geben kann: Brauchen tun wir den Kaiser nicht unbedingt. Aber wir haben nun mal einen, und das ist ganz gut so. Früher war Rom allerdings kein Kaisertum, sondern eine Republik. Und das hieß, dass die wichtigsten Männer im Staat – die beiden *Consules*[20] – jedes Jahr wechselten. Keine blöde Idee, könnte man meinen, denn wenn jemand ein schlechter Herrscher ist, bleibt er wenigstens nur ein Jahr an der Macht. Wir hatten in der Republik außerdem viele fähige Männer, die unserem Reich zu Ruhm und Größe verholfen

---

[20] Der Konsul war der mächtigste Mann im Staat, zumindest für das eine Jahr, in dem er seine Funktion ausübte. Er wurde gewählt und eine Person konnte auch mehrmals Konsul werden.

haben. Einem davon, den ihr gewiss alle kennt, war das aber nicht genug, und weil er gerne länger über Rom herrschen wollt, haben wir jetzt einen Caesar, einen Kaiser. Ja, ihr habt richtig geraten, schuld daran ist der gute Gaius Iulius Caesar. Seine Geschichte erzähle ich euch später noch, aber ihr wisst bestimmt, dass er mit seinen Legionen Gallien erobert hat.

Sein Nachfolger Augustus war dann der erste richtige Kaiser, der festgelegt hat: Ein Kaiser ist fast so etwas wie ein Gott, und deshalb haben wir alle ziemliche Angst vor dem Kaiser. Immerhin darf er über Leben und Tod entscheiden, die Steuern senken und erhöhen, wie es ihm passt und auch sonst kann ihm eigentlich keiner dreinreden, nur der *Senat*[21] tut es manchmal. Dafür muss der Kaiser auf sein Volk achtgeben und dafür sorgen, dass es allen gut geht, wie in einer riesig großen Familie. Er muss darauf achten, dass die Götter uns Römer nicht vergessen und zufrieden mit uns sind. Außerdem ist es auch seine Aufgabe, die Getreidespeicher voll zu halten, damit wir alle genügend zu essen haben. Der Kaiser hat aus der Staatskasse für meine Rüstung und meinen Gladius bezahlt, und auch meinen Sold bekomme ich natürlich von ihm. Wenn ich später in Pension gehe, wird der Kaiser noch XIV Jahre lang für mich sorgen.

Und außerdem veranstaltet er die Wagenrennen und die Spiele im Colosseum und deshalb kann ich ihm eigentlich kaum böse sein, dass er in seinem schönen Palast lebt und wenig Ahnung vom Leben eines einfachen Legionärs hat. Allerdings kann ich nicht verhehlen, dass nicht alle unsere Kaiser gerade die Weisheit in Person waren – einige waren sogar schlichtweg verrückt. Oder würdet ihr, wie Kaiser Caligula, euer Lieblingspferd zum Consul ernennen?

---

[21] Der "Senatus" ist der Ältestenrat, ein Kollegium aus mächtigen Männern, die die Konsuln bzw. Kaiser berieten und den Kaiser wählen durften.

I.V Wie wir unseren Alltag verbringen

Wie man seinen Tag verbringt, hängt davon ab, was man zu tun hat. Das ist bei euch gleich wie bei uns. Sklaven, Bauern, Handwerker und Legionäre haben oft sehr viel Arbeit und sind deshalb den ganzen Tag auf den Beinen. Kinder sind bis zur Mittagszeit in der Schule. Wer einen angenehmen Beruf, bei dem er nicht körperlich arbeiten muss, oder gar so reich ist, dass er nicht arbeiten muss, hat natürlich mehr Freizeit.

Die meisten Römer beginnen den Tag jedenfalls mit Gebeten und einem kleinen Opfer an die Laren und Penaten (die Schutzgeister der Familie) sowie einige Götter, die für das Familienleben besonders wichtig sind. An diesem kurzen Ritual nimmt die ganze Familie teil. Und dann beginnt der eigentliche Tag.

Am meisten arbeiten wir in der Früh und am Vormittag. Das gilt für einen einfachen Sklaven wie auch für den Kaiser. Nach einem kleinen Frühstück zur hora *prima*[22] nach Sonnenaufgang macht sich in Rom erst mal jeder an sein Tagwerk. In der Früh ist es noch kühl und auf den Straßen und Märkten, in den Schreibstuben und Tempeln ist jetzt am meisten los. Die Kinder sind schon seit der hora prima in der Schule. Auch berufliche Treffen finden am Vormittag statt. Alle, die in Rom einen Patron haben, das ist ein Schutzherr, der sich für andere einsetzt, besuchen diesen am Morgen. Die wichtigsten Geschäfte sowie der Handel am Markt und im Hafen, finden bis zum Mittag statt. Rund um die hora tertia (das ist im Sommer etwa gegen IX Uhr) ist auf den Straßen am meisten los. Frauen gehen vielleicht kurz auf den Markt, arbeiten aber sonst eher zu Hause.

Dann halten wir Römer gerne eine ausgedehnte Siesta – dieses schöne Wort, das ganz einfach "Mittagsschlaf" bedeutet, kommt von unserer hora sexta, das ist die VI. Stunde, zu der die Sonne am höchsten steht. Im Sommer ist es dann so heiß, dass nur die draußen unterwegs sind, die unbedingt müssen. Nach einem Schläfchen gehen alle, die Zeit und Geld dafür haben, erst mal in die Thermen oder genießen zu Hause ein Bad.

Zur hora nona kommt dann die Hauptmahlzeit, am liebsten ein ausgedehntes Festmahl, das erst in den frühen Nachtstunden endet. Wer es sich leisten kann, lädt am liebsten jeden Tag Gäste zum Essen ein, denn bei einer idealen *Cena*[23] liegen IX Personen bei Tisch.

Natürlich können sich die meisten Römer kein solches Gelage leisten. Bei uns zu Hause in Falerii gibt es schon zur VII. Stunde Mittagessen und hinterher müssen alle wieder an die Arbeit. Erst gegen Sonnenuntergang ist das Tagwerk beendet und dann geht es schon bald ins Bett.

I.VI Was es in Rom zu essen und zu trinken gibt

Da ihr nun wisst, wie wichtig die Mahlzeiten in unserem Tagesablauf sind, wollt ihr bestimmt auch wissen, was es bei uns so für Leckereien gibt. Ich kann euch sagen, wenn ich nach vielen Monaten auf Feldzug wieder nach Rom zurückkehre, freue ich mich besonders auf die köstlichen Festmähler bei meinen Freunden. Unterwegs essen wir Soldaten viel Brot, meist aus Dinkel oder Gerste. Wenn wir Glück haben, gibt es ein wenig Käse dazu. Zu Mittag gibt es oft einen Eintopf aus Gemüse oder Bohnen, manchmal mit Fleisch oder Fisch und wieder Brot dazu. Und so geht das jeden Tag.

---

[22] Zur "ersten Stunde"
[23] Abendessen

Aber in Rom schlemme ich dann so richtig. Zum *Ientaculum*[24], gibt es auch hier Brot, aber zur Abwechslung welches aus feinem Weizenmehl. Das esse ich am liebsten mit Honig. Im Sommer bekommen wir in Rom außerdem die feinsten Datteln, Feigen und Trauben. Nach dem Frühstück bin ich meist ein wenig draußen unterwegs, bevor ich zum *Prandium*[25] wieder in die *Castra*[26] zurückkehre, in denen ich in Rom immer wohne. Zu Mittag esse ich am liebsten Eier, Käse, kaltes Fleisch und solche Dinge. Dazu mag ich gerne einen Becher Mulsum, das ist feiner Rotwein mit Honig. Bei uns bekommen übrigens auch Kinder manchmal Wein, aber mit viel Wasser verdünnt. Normalerweise trinken Kinder wie Erwachsene aber Posca, das ist erfrischendes Essigwasser.

Zur Cena bin ich dann oft bei Freunden und Bekannten eingeladen, und das ist das eigentliche Vergnügen. Die Cena nehmen wir zur IX. Stunde ein und sie dauert oft bis in die Nacht hinein. Es gibt immer III Gänge zu essen, eine Vor-, eine Haupt- und eine Nachspeise. Wenn meine Gastgeber sehr wohlhabend sind, servieren sie schon zur Vorspeise solche Leckerbissen wie Austern, Schnecken oder Muscheln. Oft gibt es auch Eier in Garum (das ist eine Art salzige Fischsoße, die wir ungefähr so viel verwenden wie ihr euer Ketchup) oder gebratene Pilze. Im Sommer essen wir oft Salate aus Bohnen, Kürbis oder grünem Gemüse.

Zur Mensa *prima*[27] gibt es meist Fisch oder Fleisch. Hühnchen mag ich besonders, aber es ist auch teuer. Im Alltag essen wir oft Schweinefleisch, aber auch Enten oder Gänse. Ganze Fische sind ein sehr edles Essen, das es nur zu besonderen Anlässen gibt. Die Hauptspeisen sind mit vielen köstlichen Gewürzen und Soßen verfeinert und dazu essen wir Brot.

---

[24] Frühstück
[25] Mittagessen
[26] Kaserne
[27] Hauptgang

Die Mensa secunda, die Nachspeise ist dann oft der beste Teil der Mahlzeit. Im Moment sind bei uns kleine Kuchen in Form von Blumen oder Tieren sehr in Mode. Diese Kuchen sind mit Nüssen gefüllt und dick in Honig getränkt, deshalb schmecken sie zuckersüß. Außerdem gibt es immer Obst.

Anders ist es, wenn ich meine Eltern auf dem Land besuche. Wie ihr wisst, besitzen sie einen Bauernhof. Dort essen wir zum Frühstück Brot mit Schafskäse, den meine Mutter selbst macht. Im Sommer gibt es auch frisches Obst dazu. Das Mittagessen ist dann die wichtigste Mahlzeit, und da essen wir ein traditionell römisches Gericht, die Puls. Das ist eine Art körniger Brei aus Getreide (Dinkel oder Emmer), das meine Mutter mit etwas Öl und Salz zubereitet. Wenn man die Puls mit Käse vermischt, schmeckt sie richtig lecker. Meist ist auch Gemüse in der Puls, zum Beispiel Kohl oder Bohnen. Manchmal bin ich nirgends eingeladen. Dann gehe ich am Nachmittag in meine liebste Taberna, die "Zum Olivenbaum" heißt. Dort treffe ich meine Kameraden und wir trinken zusammen einige Becher Wein. Dazu esse ich gerne eine Lucanica, eine Wurst, die bei uns kräftig mit Kräutern, Pfeffer und Lorbeer gewürzt wird. Sie wird mit Puls serviert und ist ein leckeres, einfaches Essen.

Hier habe ich euch noch ein Rezept für meine Lieblingsbrötchen mit Lorbeer und Käse aufgeschrieben. Probiert es aus, sie schmecken köstlich!

MOSTBRÖTCHEN
NACH EINEM
REZEPT VON
MARCUS
PORCIUS CATO

CCCXC Gramm roter Traubensaft
V Gramm Hefe
DC Gramm Weizenmehl
XXXV Gramm Butter oder Schmalz
CV Gramm geriebener Käse (z.B. Pecorino)
XII Gramm Salz
VIII Gramm gemahlener Anis
V Gramm gemahlener Kümmel oder Kreuzkümmel
I Messerspitze geriebene Muskatnuss
I Messerspitze gemahlener Piment
circa XX Lorbeerblätter

Zuerst müsst ihr aus I Gramm Hefe, CXX Gramm Mehl und CXXX Gramm Traubensaft einen Vorteig herstellen. Dazu verrührt ihr diese Zutaten gut miteinander und lasst das Gemisch dann am besten über Nacht an einem warmen Ort stehen. Dann gebt ihr alle anderen Zutaten außer den Lorbeerblättern dazu und verknetet alles zu einem geschmeidigen Teig, der dann nochmals XLV Minuten ruhen darf. Danach formt ihr aus dem Teig etwa XX runde Brötchen. Klebt jeweils vorsichtig ein Lorbeerblatt auf die Unterseite und setzt sie Brötchen auf ein Blech. Sie sollten etwa XXII Minuten in einem Ofen gebacken werden, der CCXXX Grad heiß ist.

I.VII Wie wir uns in Rom unterhalten

Wer auf Besuch nach Rom kommt, wird sich mit absoluter Sicherheit nicht langweilen. Es gibt hier so viel zu machen und zu erleben, dass man gar nicht weiß, wo man anfangen soll. So geht es mir jedenfalls, wenn ich hierher komme. Am liebsten gehe ich natürlich zu den Wagenrennen. Das ist das aufregendste Spektakel, das Rom zu bieten hat. Es findet mehrmals pro Jahr im Circus Maximus, einer riesigen Rennbahn statt, die von Tribünen umgeben ist. Manchmal sind über  [28] Zuseher im Circus – könnt ihr euch vorstellen, was die für einen Lärm machen?

Die Carrucae, das sind kleine Wagen aus Holz und Leder, werden von IV Pferden gezogen. Gelenkt werden die Pferde von einem Auriga, einem Wagenlenker. Die Aurigae leben ganz schön gefährlich, denn wenn sie aus der Bahn geraten oder aus dem Wagen fallen, ziehen die Pferde sie mit sich. Der Gewinner des Rennens bekommt einen Lorbeerkranz und Geld – und außerdem wird er von ganz Rom bewundert. Na ja, zumindest von seinen Gefolgsleuten. Es gibt nämlich IV verschiedene *Factiones*[29] die gegeneinander antreten: die Weißen, die Blauen, die Grünen und meine Lieblingsfactio, die Roten. Allerdings bin ich auch nicht böse, wenn ein Wagenlenker aus einer anderen Factio den Lorbeerkranz bekommt, solange er nur der Beste war.

Zu den Spielen werden aber nicht nur Wagenrennen, sondern auch Kunststücke und Kämpfe mit Menschen und Tieren abgehalten.

---

[28] 100.000
[29] Mannschaften
[30] Spiele

Manchmal finden diese Spektakel auch im Circus statt, aber seit unser Kaiser Titus das riesige Colosseum bauen hat lassen, gehen die meisten Leute zu den Gladiatorenkämpfen am liebsten dorthin. An einem ganz normalen Tag, an dem keine *Ludi*[30] stattfinden, sind die Thermen mein liebster Aufenthaltsort. In Rom allein gibt es Dutzende, manche sind nur für Männer, andere nur für Frauen. Viele sind sehr billig, einige dagegen teuer. Mein liebstes Bad sind die Thetis-Thermen auf dem Esquilinus (das ist einer der VII Hügel, auf denen Rom erbaut wurde). Das ist eine eher kleine Therme, die aber sehr hübsch ist, voller Mosaiken und Wandbilder. Der wichtigste Teil der Therme ist das Caldarium, ein sehr warmer, feuchter Raum mit mehreren Wannen, randvoll mit heißem, duftenden Wasser. Nach dem Schwitzen kann man sich im Frigidarium abkühlen, das ist ein großes Becken mit kaltem Wasser, in dem man auch schwimmen kann. Außerdem gibt es eine Palästra, weil manche Menschen vor dem Bad gerne Sport machen. Ich aber bin in den Thermen lieber faul und lasse mich stattdessen einölen und massieren. Im Winter würde ich am liebsten den ganzen Tag dort aufhalten, denn in Rom zieht oft eine feuchte Kälte in die Häuser, die ich überhaupt nicht ausstehen kann.

Natürlich könnt ihr in Rom auch jede Menge Kultur erleben. Unsere Theater sind berühmt, und in Rom kommen die besten Schauspieler, Pantomimen und Akrobaten der Welt zusammen. Besonders beliebt sind die Tragödien der Griechen, in denen ständig jemand stirbt und am Ende alle unglücklich sind. Ich mag die lateinischen Komödien lieber, weil sie mehr vom Leben der gewöhnlichen Leute handeln.

Und wenn ihr keine Lust habt, Pläne zu schmieden, dann könnt ihr einfach durch die Gassen streifen, über das Forum schlendern, eure Nasenspitze in den einen oder anderen Tempel stecken, euch in einer Taberna niederlassen und das bunte Spektakel genießen, das wir Römer tagtäglich zu bieten haben.

I.VIII Was es mit den Gladiatoren auf sich hat

Die Gladiatoren sind eine Besonderheit Roms, die Fremde immer besonders interessant finden. Wahrscheinlich gibt es so etwas auf der ganzen Welt nur bei uns. Woher der Brauch kommt, weiß ich selbst nicht genau. Manche sagen, dass die ersten Gladiatorenkämpfe auf Beerdigungen stattfanden. Das ist aber heute ganz anders! Gladiatorenkämpfe sind das größte Spektakel überhaupt und die Leute sind ganz verrückt danach. Sie verehren manchmal einen bestimmten Gladiatoren und machen ihm Geschenke. In einen erfolgreichen Gladiatoren sind oft viele Frauen verliebt, und wenn er im Kampf umkommt, ist das immer eine große Tragödie.

Weil ich als Legionär selbst Kämpfer bin, vermuten die Leute, dass ich mir die Gladiatoren sehr gerne ansehe. Das stimmt nur zum Teil. Ich finde es nämlich bedauernswert, wenn so gut ausgebildete Männer einfach zum Spaß von anderen sterben müssen. Die Gladiatoren sind zwar Sklaven, oft auch noch Kriegsgefangene oder Verbrecher, aber ihr Beruf ist doch ähnlich wie meiner.
Der einzige Unterschied ist, dass ich jede Nacht auf einer einfachen Pritsche liege und jeden Tag hart arbeiten muss. Ein Gladiator, der einige Kämpfe gewonnen hat, darf dafür ein Leben in Luxus genießen und verdient viel mehr Sesterzen als ich. Dafür lebt er aber auch gefährlicher.

Die meisten Gladiatoren sind Sklaven aus den Provinciae, zum Beispiel aus *Nubia*[31], Gallia oder *Britannia*[32]. Aber es ist auch in Mode gekommen, dass freie Römer Gladiatoren werden möchten, weil sie sich ein ruhmvolles Leben wünschen.

---

[31] Eine Provinz in Afrika, südlich von Ägypten, etwa der heutige Nordsudan und Sudan
[32] Großbritannien

Ein Gladiator wird zunächst lange ausgebildet, ähnlich wie ein Legionär. Er lernt den Nahkampf an einer großen Holzsäule und muss jeden Tag trainieren. Dazu lebt er mit seinen Kameraden in einer Gladiatorenschule und zieht von Stadt zu Stadt. Und irgendwann erlebt er seinen ersten Kampf in der Arena.

Es gibt verschiedene Arten von Gladiatoren: Die meisten sind mit einem Schild und einem Gladius wie meinem ausgerüstet, wie z. B. der Murmillo, der Hoplomachus oder der Provocator. Es gibt aber auch ganz andere Ausrüstungen. Der Retiarius kämpft zum Beispiel mit einem Fischernetz und einem Dreizack und hat gar keinen Schild. Es gibt auch Equites, berittene Gladiatoren, die oft zu Beginn der Ludi auftreten.

**Ein Kampf zwischen einem Retiarius-
und einem Murmillosgladiatoren**

Beim Kampf treten immer zwei Gladiatoren gegeneinander an und kämpfen, bis einer der beiden schwer verletzt oder tot ist

- oder wenn der Unterlegene aufgibt. Er legt dann seine Waffen hin und der Kaiser, der in seiner Loge sitzt, entscheidet über sein Schicksal. Oft tut der Kaiser, was das Volk will. Deshalb dürfen sehr viele Gladiatoren weiterleben, auch wenn sie den Kampf verloren haben. Die Leute in Publikum rufen dann: "Mitte!", das heißt: "Lass ihn gehen!"

Wenn er aber nicht begnadigt wird, muss der Gladiator von seinem Gegner durch einen Stich ins Herz getötet werden. Ein Gladiator muss also sehr tapfer sein und darf keine Angst zeigen – deswegen werden sie von uns Römern sehr bewundert, auch wenn sie Sklaven sind.

I.IX Wie Kinder in Rom leben

Ich habe euch ja erzählt, dass ich in Falerii auf einem Bauernhof aufgewachsen bin. Als Kind war ich deshalb mit meinen Geschwistern ständig im Garten, auf den Feldern und im Wald unterwegs. Bis ich VII Jahre alt war, habe ich die meiste Zeit mit meiner Mutter verbracht. Es ist in den meisten Familien so, dass bis zu diesem Alter vor allem die Mütter (oder aber Kinderfrauen, die meistens Sklavinnen sind) auf die Kinder aufpassen. Wir saßen viel bei meiner Mutter in der Küche, wo sie mit unserer Köchin und einem Küchenmädchen den Haushalt führte.

Als ich älter war, hat mein Vater meinen Bruder und mich oft aufs Feld oder auf den Markt mitgenommen, damit wir seinen Beruf lernen. Bei mir hat das aber dazu geführt, dass ich begeistert die Legionäre in der Stadt beobachtet habe und mir mehr und mehr einen anderen Beruf als den des Bauern gewünscht habe.

Außerdem hatte ich großes Glück: Die Schwester meiner Mutter hat einen Mann aus dem Ritterstand geheiratet, dem Bildung sehr wichtig ist. Weil er für meine Cousins und Cousinen einen Hauslehrer gekauft hat – ganz recht, gekauft, denn die meisten Lehrer sind Sklaven – durften auch wir oft ins Haus meines Onkels kommen und am Unterricht teilnehmen. Chryses, so hieß der Hauslehrer, war ein kleiner, recht lustiger Grieche, der V Sprachen sprechen konnte und unheimlich viel über Mythen, Dichtung, Geschichte und die Natur wusste. Von ihm haben wir zuerst Lesen und Schreiben gelernt, auf Griechisch und Latein. Das hat sich sehr gelohnt, weil ich heute in meiner Legion als Schreiber arbeiten kann und nicht wie meine bedauernswerten Kameraden Wasser schleppen und die Latrinen putzen muss. Chryses hat uns außerdem häufig aus den großen Heldenepen über *Ulixes*[33] und *Aeneas*[34] vorgelesen. Manchmal hat er uns auch mit ins Freie genommen und uns die verschiedenen Tier- und Pflanzenarten gezeigt und erklärt, wie sie leben. Das waren schöne Tage, wie ihr euch sicher vorstellen könnt. Ich kann mich düster erinnern, dass Chryses uns auch Geometrie gelehrt hat, aber da ich nur an manchen Tagen zum Unterricht gekommen bin, habe ich davon fast alles vergessen.

Am Nachmittag hatten wir alle frei und konnten draußen spielen. Als Kind hatte ich einen großen Lederball und eine Menge Tiere und Figuren aus Holz, darunter natürlich eine Carruca, wie sie sie im Circus Maximus haben. Mit dem Ball haben wir alle möglichen Spiele gemacht – manchmal sogar im Fluss. Außerdem spielten wir häufig mit Astralages, das sind kleine Würfel aus Tierknochen, mit denen man verschieden Wurf- und Zählsspiele macht.

Die Kinder in Rom leben anders als wir auf dem Land, und natürlich ist es in der Stadt auch gefährlicher. Viele Kinder bleiben deshalb wohlbehalten in ihren kühlen Domus mit den luftigen Gärten und werden dort von ihren Hauslehrern unterrichtet. Auf dem Forum gibt es aber in den größeren Städten Schulen, die alle besuchen dürfen, wenn ihre Eltern dafür bezahlen können. Die kleineren

---

[33] Odysseus, der Held griechischen "Odyssee", einem Heldenepos von Homer
[34] Der Held aus Vergils "Aeneis" und ein Urvater Roms

Mädchen und Jungen werden vom Magister ludi im Schreiben und Rechnen unterrichtet, sie lernen Gedichte und Fabeln auswendig und üben sich im Vorlesen. Das ist aber nicht so vergnüglich wie der Unterricht mit Chryses. Zumindest hört man, wenn man an den städtischen Schulen vorbeigeht, sehr oft, dass der Magister ludi seine Schüler mit dem Stock schlägt.

Ältere Jungen ab XII Jahren werden dann vom Grammaticus in Literatur unterrichtet. Mädchen dürfen dann nicht mehr zur Schule gehen. Sie sind mit XII Jahren schon alt genug zum Heiraten und müssen deshalb lernen, wie sie einen Haushalt führen, weben, nähen und solche Dinge. Ein Junge wird mit XVI Jahren erwachsen. Dann darf er zum ersten Mal eine weiße Toga tragen und wird römischer Bürger. Das gilt aber nur für die Kinder, die so wie ich Glück haben. In Rom sieht man an jeder Straßenecke kleine Bettler sitzen, die oft keine Eltern haben. Und natürlich gibt es auch viele Kinder, die Sklaven sind und schon in ganz jungen Jahren hart arbeiten müssen. Sie dürfen nicht zur Schule gehen und haben auch sonst eine ziemlich unschöne Kindheit.

I.X Wie die römische Familie aufgebaut ist

In der Familie halten wir zusammen, das ist bei uns besonders wichtig. Meine Eltern sind zwar ganz schön stolz darauf, dass ich ihm dem *Imperium*[35] diene, aber eigentlich würden sie sich wünschen, dass ich auch Bauer bin, am besten ganz in ihrer Nähe. Zum Glück hat mein älterer Bruder so viel Pflichtgefühl, dass er meinen Eltern auf dem Hof hilft. Auch meine jüngste Schwester, die nicht verheiratet ist, lebt noch bei ihnen.

---

[35] Imperium Romanum, das Römische Reich

Das hat damit zu tun, dass der Vater, der Pater familias, bei uns sozusagen der Chef von allen Familienmitgliedern ist. Und alle müssen ihm gehorchen. Solange ein Mädchen nicht verheiratet ist, bleibt es bei seinem Vater und darf selbst keinen Besitz haben. Bei Söhnen ist es übrigens gleich, und zwar solange ihr Vater lebt. Mein Vater macht von seiner Patria *potestas*[36] aber kaum Gebrauch. Als ich Legionär werden wollte, hat er sich nicht eingemischt, und meinen Sold darf ich auch behalten.

Und meine andere Schwester durfte sich selbst aussuchen, wen sie heiraten will – das ist bei uns nicht selbstverständlich. Mädchen werden oft schon mit VII Jahren verlobt und heiraten vielleicht mit XIII oder XIV Jahren. Ihr Mann ist meistens ein bisschen älter. Die Verlobung wird von den Vätern der beiden ausgehandelt und oft kennen sich Mann und Frau vor ihrer Hochzeit kaum. Nicht alle Menschen in Rom heiraten, aber die meisten schon. Als Legionär darf ich gar nicht heiraten – erst wenn ich mit etwa XXXVIII Jahren in Pension gehe. Auch unter den Priesterinnen und Priestern gibt es welche, die unverheiratet bleiben.

Wenn ein Mädchen heiratet, holt ihr zukünftiger Ehemann sie im Haus ihrer Eltern ab und bringt sie in sein Haus. Damit wird sie Teil seiner Familie. Und dann hoffen und beten alle, dass das Paar schon bald Kinder bekommt. Wenn das so ist, muss der Vater bei jedem Kind entscheiden, ob er es aufziehen möchte oder nicht. Dazu legt man ihm das Neugeborene vor die Füße und wenn er es aufnimmt, heißt das, er akzeptiert es. Die meisten Männer sind schrecklich stolz auf ihre Kinder und wollen sie natürlich behalten. Aber es kommt auch vor, dass Kinder ausgesetzt werden, zum Beispiel, weil die Familien nicht genug Geld haben.

---

[36] Die "väterliche Macht", die es dem Vater erlaubt, über seine Frau und Kinder zu entscheiden

Viele Ehepaare haben mehr als IV oder V Kinder, aber nicht wenige sterben schon sehr jung an einem Fieber oder einer anderen Krankheit. Wenn es im Haus Sklaven gibt, kümmern sie sich oft um die Kinder. Bei den einfacheren Leuten tut das die Mutter.

Die meisten Römer leben mit ihrer Familie zusammen. Die ist uns sehr wichtig, fast heilig, und wir haben sogar ein eigenes Wort für die Art von Liebe, die wir für unsere Familie und unser Volk empfinden: Wir nennen sie "Pietas". Das bedeutet vor allem, dass wir unseren Familienmitgliedern treu bleiben, uns um sie kümmern und so weiter. Jeder hat in der Familie seinen Platz, auch die Sklaven.

I.XI Unsere wichtigsten Sitten, Bräuche und Festlichkeiten

Wenn ihr längere Zeit bei uns in Rom verbringt, werdet ihr merken, dass wir gerne feiern. Die meisten Römerinnen und Römer lieben Festmähler mit köstlichem Essen und Wein, sie lieben die Ludi und sie lieben es, wenn in der Stadt etwas los ist. Wir nutzen deshalb jede Gelegenheit, zu Ehren eines Gottes oder einer Göttin, eines Kaisers oder unserer eigenen Stadt ein Fest zu feiern.

Anders als bei euch gibt es im Römischen Reich keinen regelmäßigen Ruhetag und kein Wochenende. Wir Römer arbeiten an jedem Wochentag. Allerdings gibt es in Rom in jedem Monat Feriae publicae, in denen im ganzen Reich gefeiert und gefaulenzt wird. An diesen zumeist religiösen Feiertagen darf man sogar gar nicht arbeiten, und wenn man es unbedingt muss, wie etwa die Bauern, die sich um ihr Vieh kümmern, dann sollte man ein Opfer bringen.

Außerdem haben wir in jedem Monat IV feststehende Feiertage: Die Kalenden (der Tag des Neumondes oder der Monatsanfang), die Iden (der Tag des Vollmondes oder die Monatsmitte), die Nonen (zunehmender Halbmond) und die Terminalien (abnehmender Halbmond). Gemeinsam mit diesen XLIV freien Tagen haben wir über CXX Feiertage im Jahr.

An diesen Tagen finden sehr oft Ludi statt. Wir ehren dabei immer einen besonderen Gott oder eine besondere Göttin (auch wenn ich manchmal nicht genau weiß, wer jetzt schon wieder dran ist). Außerdem werden im Tempel Tiere geopfert, um die Götter freundlich zu stimmen. Aus dem Fleisch wird dann meistens ein Festessen für die Leute.

Mein allerliebstes Fest sind die Saturnalien, die im December zur Zeit der Wintersonnwende stattfinden. Das ist die dunkelste Zeit des Jahres, die wir uns gerne mit diesem fröhlichen Fest aufhellen, das fast zwei Wochen lang dauert. Die Saturnalien begehen wir zu Ehren des Saturnus, dem Gott der Aussaat und des Kreislaufs der Zeit. Zu Winterbeginn wird auf den Äckern keine Saat mehr ausgebracht, deshalb ehren wir in dieser "Pause" Saturnus. Das Fest beginnt am XVII. December mit einem großen Opfer im Tempel des Saturnus. In vielen Städten treffen sich die Leute auf dem Forum zu einem großen Festmahl, das der Staat bezahlt. Überhaupt sind wir zu den Saturnalien viel auf den Straßen, es gibt Umzüge mit Tieren oder Akrobaten und Spiele – und die Menschen geben sich ein bisschen verrückt. Das liegt wohl daran, dass während der Saturnalien viele Dinge erlaubt sind und alle ein bisschen lockerer sind als sonst. Sklaven werden zu dieser Zeit wie freie Bürger behandelt und oft sogar von ihren Herren bedient.

Natürlich mag ich auch die Ludi Romani besonders, das sind öffentliche Spiele zu Beginn des September, die genauso lang dauern wie die Saturnalien. Sie werden zu Ehren unseres Göttervaters Iuppiter abgehalten und sind deshalb besonders groß und prächtig.

Neben Wagenrennen gibt es auch Gladiatorenkämpfe, Theaterspiele und sportliche Wettkämpfe.

Bei allen diesen Festen ist es sehr wichtig, dass sie in der richtigen Form begangen werden. Immer gibt es zu Beginn eines Festes oder der Ludi ein Opfer im Tempel oder im Circus, und dazu wird gebetet. Läuft etwas falsch, ist das ein schlechtes Omen für die kommenden Tage – ich kann euch sagen, das macht immer schlechte Stimmung. Nicht immer passiert dann wirklich etwas Schlimmes, aber manchmal schon.

Ihr seht, dass uns Römern Rituale sehr wichtig sind und dass wir oft nach Zeichen dafür suchen, was in der Zukunft geschehen wird. Seltsame Naturereignisse wie etwa Gewitter, Vulkanausbrüche oder Erscheinungen am Himmel sind oft schlechte Omen. Wenn bestimmte Vögel, etwa Adler, Geier oder auch Hühner sich auf bestimmte Weise verhalten, kann ein *Augur*[37] daraus ablesen, ob die Zeichen für die Zukunft gut oder schlecht stehen. Das ist schon seit der Gründung Roms so, und welche Bedeutung die Vögel damals hatten, werde ich euch gleich erzählen!

---

[37] Ein Priester der Weißsagung

KAPITEL II

Die Geschichte des Imperium Romanum

II.I Die Legende von der Gründung Roms ...

Dass die kleine Festung Rom irgendwann zum Zentrum eines Weltreichs wird, hat sich die Handvoll Männer, die die erste Stadtmauer errichteten, wohl nicht träumen lassen. Aber die beide Gründer unserer Stadt waren der Legende nach Söhne des Gottes Mars und außerdem auch mit der Göttin Venus verwandt.

Aber ich will ganz von vorne beginnen: Venus war die Mutter eines Prinzen aus der Stadt Troja in *Asia minor*[38]. Es war eine großartige Stadt, von der heute natürlich nichts mehr übrig ist. Die Griechen haben Troja nach einem X Jahre dauernden Krieg zerstört und fast niemand hat überlebt. Doch Venus hat ihren Sohn Aeneas sicher aus der brennenden Stadt geleitet und irgendwann landete er mit seinem Sohn Ascanius in Italia. Sie gründeten dort die Stadt Alba Longa, in der fast CD Jahre später Zwillinge geboren wurden. Ihre Mutter hieß Rhea Silvia, und sie hätte eigentlich keine Kinder bekommen dürfen. Sie war nämlich eine Priesterin der Vesta, und die dürfen nicht heiraten. Aber Mars war so angetan von ihr, dass sie am Ende seine Zwillinge auf die Welt brachte. Die beiden hießen Romulus und Remus.

Rhea Silvia war die Nichte des Königs Amulius, der seinen Bruder Numitor (Rhea Silvias Vater) vom Thron gestoßen hatte. Weil

---

[38] Kleinasien, die heutige Türkei

Amulius nicht wollte, dass Numitors Nachkommen ihm gefährlich würden, setzte er Rhea Silvias Söhne auf dem Fluss Tiber aus.

Das hätten die beiden Jungen fast nicht überlebt, aber sie wurden von einer Wölfin gefunden, die die beiden gesäugt und aufgezogen hat. Ganz schön unglaublich, nicht? Allerdings sagt man, dass die Wölfe dem Mars gehören, also wird sie wohl erkannt haben, dass es sich um seine Söhne handelt. Die beiden machten ihrem kriegerischen Vater alle Ehre. Ihr Ziehvater Faustulus, der die Kinder irgendwann bei der Wölfin fand und dann seiner Frau brachte, hatte es bestimmt nicht leicht mit den beiden. Faustulus war der Schweinehirt des Königs Amulius und er erzählte den beiden Jungen die ganze Geschichte. So haben sich Romulus und Remus selbst zusammengereimt, dass sie die Enkel des Numitor waren. Die beiden Haudegen haben ihren missgünstigen Großonkel entthront und ihren Großvater als König eingesetzt. Dann wollten sie aber nicht warten, bis sie selbst dran waren mit regieren. Sie wollten selbst eine Stadt gründen, und zwar an der Stelle am Tiber, wo sie von der Wölfin gefunden worden waren. Einige andere junge Männer, die einen Neuanfang wollten, schlossen sich ihnen an.

Bevor sie loslegten, wollten sie einen König für die neue Stadt bestimmen. Beide, Romulus und Remus, stiegen auf einen Hügel und beobachteten die Vögel, um in ihrem Flug ein Zeichen der Götter zu erkennen. Ihr könnt euch schon denken, wer von beiden gewonnen hat. Es war natürlich Romulus, nicht Remus, der König wurde, denn sonst hieße unsere Stadt ja "Rem". Remus nahm das gar nicht gut auf und triezte seinen Bruder, als dieser mit dem Bau der Stadtmauer begann. Da tötete Romulus Remus vor lauter Zorn. Natürlich hat ihm das später leidgetan und bis heute gelten beide Brüder als Gründer der Stadt. Das alles passierte im Jahr DCCLIII vor der Geburt Christi.

Romulus fehlte sein Bruder, aber in der neuen Stadt fehlte etwas anderes noch viel dringender: Es gab überhaupt keine Frauen. Und

Eine Statue der Wolfsmutter beim Säugen von Romulus und Remus.

natürlich gab es auch keine Kinder und den ersten Römern gefiel die Vorstellung nicht, dass sie schon bald wieder aussterben würden. Da dachte sich Romulus etwas Raffiniertes aus, das zugleich die Erfindung meiner geliebten Wagenrennen bedeutete: Er ließ Spiele für die Nachbarn Roms abhalten, die Sabiner. Und während die Sabiner wie gebannt die Wagenrennen verfolgten, entführten die Römer ihre Töchter. Die Sabinerinnen wurden allesamt gleich verheiratet. Als dann ihre Väter und Brüder kamen, um sie zu retten, wollten sie nicht mehr gerettet werden. Wahrscheinlich gefiel es ihnen in Rom nicht schlecht und ihre Ehemänner haben sich wohl sehr bemüht, ihnen ein schönes Leben zu bieten. Von da an waren die Sabiner jedenfalls unsere Verbündeten.

II.II ... und wie es (vielleicht) in Wirklichkeit passiert ist

Chryses, mein Lehrer, hält von dieser Legende nicht viel. Er ist der Meinung, dass Rom einfach aus einem Haufen Dörfer auf den sieben Hügeln zusammengewachsen ist. Und er meint auch, dass wir Römer nicht von Aeneas abstammen können, weil die Sprache der Trojaner mit Latein überhaupt nichts zu tun hat. Ich weiß nicht, ob Chryses das nicht nur erfunden hat. Es kann sein, dass er sich ärgert, weil Griechenland, seine Heimat, früher so wichtig war und jetzt nur mehr eine römische Provinz ist. Aber wahrscheinlich hat er recht. Die Sache mit der Wölfin finde ich doch auch sehr unwahrscheinlich. Es könnte aber sein, dass es wirklich zwei Brüder namens Romulus und Remus gegeben hat, die sich um die Herrschaft über die neue Stadt gestritten haben. Brüder streiten ja ständig, zumindest ist das bei mir und meinem Bruder so. Zum Glück wollen wir nicht beide König sein, denn so streiten wir meistens nur zum Spaß.

Auch die Geschichte mit den Sabinerinnen, meint Chryses, könnte einen wahren Kern haben. Später wurden viele Sabiner zu Einwohnern Roms, deshalb stammen wir so und so auch von ihnen ab. Und sogar mit den *Etruskern*[39] haben wir einiges gemeinsam, obwohl wir ständig am Kämpfen mit ihnen waren. Chryses behauptet, die Etrusker hätten schon wunderschöne Städte gebaut, während wir Römer alle noch Schweinebauern waren. Das ist ein bisschen frech, aber es stimmt, dass wir viele gute Ideen für unser Reich von anderen Völkern abgeschaut haben.

II.III Das Königreich Rom

In den ersten CCL Jahren nach der Gründung der Stadt wurde Rom von sieben Königen regiert. Es gab aber auch schon damals eine Curia, also eine Volksversammlung, und einen Senat. Die Curia wählte einen König, der dann die Regierungsgeschäfte übernahm. Der Senat war eigentlich zur Beratung da, aber was soll ich sagen? Kluge alte Männer wollen immer ihren Senf dazugeben und so

---

[39] Volk in der heutigen Toskana, das noch vor den Römern sehr weit entwickelt war

wurde der Senat laufend wichtiger. Anfangs gab es übrigens noch keine Patrizier und keine Plebejer, es waren alle Römer gleich. Na ja, außer den Frauen und den Sklaven. Das ging einige Zeit ganz gut, aber nicht für lange. Rom war schon damals ein Reich aus vielen Völkern, zu dieser Zeit waren es drei. Ursprünglich sind wir Latiner, aber auch Sabiner und Etrusker lebten bald in unserem Königreich und die drei kamen leidlich gut miteinander aus. Wir Römer haben in Italia viel Gebiete erobert, manchmal auch wieder verloren. Einmal haben uns die Etrusker fast das ganze Land wieder weggenommen, aber am Ende konnten wir sie besiegen.

Die letzten römischen Könige waren auch Etrusker. Man kann viel Gutes über dieses Volk sagen, aber sie trugen ihre Nase immer sehr hoch. Superbus, der letzte von ihnen, versucht, die ganze Macht für sich zu gewinnen und den Senat zu verkleinern. Außerdem hatte das Volk große Angst vor ihm. Das ging zu weit und deshalb musste Superbus im Jahr CDXCV v. Chr. vom Thron vertrieben werden.

II.IV Die frühe Republik

Von da an hatte Rom nie mehr wieder einen König. Stattdessen regierten verschiedene Beamte den Staat und wurden vom Senat und von der Curia, der Versammlung des Volkes, dabei beraten, kontrolliert und manchmal auch abgesetzt. Das nannte man auf Lateinisch "res publica", also Republik oder "öffentliche Sache". Herrscher waren immer II Consules und das immer nur ein Jahr lang. Auf diese Weise konnte niemand allzu mächtig werden und Rom wurde eine immer schönere Stadt. Das Reich wuchs nach außen hin und etwa D Jahre nach der Gründung Roms gehörte fast ganz Italia uns.

Aber im Süden gab es so etwas wie eine lästige Mücke. Das waren die Punier, die von ihrer Stadt Carthago in Africa aus ebenfalls ihr Reich vergrößern wollten. Sicilia haben wir uns mit den Puniern geteilt, aber das ging nicht lange gut. III-mal hat Rom gegen die Punier Krieg geführt, und III-mal haben wir sie geschlagen. Von diesen Kriegen werde ich euch später noch berichten, aber wichtig für uns war, dass wir sie gewonnen haben. Denn danach hatte Rom für lange Zeit keinen richtigen Feind mehr.

II.V Die späte Republik

Stattdessen gab es immer mehr Probleme im Inneren. In der Republik herrschten die Patrizier – die wohlhabenden, angesehenen Römer. Dem einfachen Volk ging es schlecht. Die vielen Kriege hatten die Bauern davon abgehalten, ihre Felder zu bestellen. Das Leben war ungerecht, denn die Reichen wurden immer reicher und die Armen immer ärmer. Einige wollten die Gesetze ändern, die das möglich machten, um den Armen zu helfen. Zwei Brüder namens Gracchus gehörten dazu, aber sie wurden ermordet. Trotzdem gab es bald eine politische Gruppe, die dem Volk helfen wollte. Zumindest behaupteten sie das, denn die meisten waren selbst reich und hatten keine Ahnung vom Leben der einfachen Leute. Sie nannten sich Populares und waren ständig im Streit mit den Optimates, die den Senat wichtig fanden und dem Volk lieber keine Macht geben wollte. Einmal kam es zu einem handfesten Krieg zwischen den beiden. Und weil Rom danach im völligen Chaos versank, gab es zum ersten Mal wieder so etwas wie einen König, aber unter anderem Namen: Diktator. Dieser Mann hieß Sulla und war ein Optimat. Er regierte ab LXXXII v. Chr. III Jahre lang, und zwar ziemlich grausam. Danach wurde alles wieder normal, mitsamt Senat und Consules. Unterbrochen wurde die Ruhe von einem großen Aufstand der Sklaven, die von einem Gladiatoren namens Spartacus aufgestachelt wurden. Es waren am Ende fast ⊕ ⊕ [40] Sklaven, die ihren Herren ausgebüxt sind und sich zu einem Heer zusammenschlossen. Aber am Ende

---

[40] 200 000

wurden sie natürlich besiegt. Die Republik lebte dann nochmals auf und erlebte unter einem berühmten Consul, Marcus Tullius Cicero, eine ehrenhafte Zeit. Cicero, dessen Name eigentlich "Kichererbse" bedeutet, ist aber nicht als Politiker, sondern als Redner bekannt geworden. Er konnte sich wirklich sehr schön ausdrücken.

II.VI Caesar, Octavius und der große Umbruch

Einen Diktator durfte es nur in einer Notsituation und nur für gewisse Zeit geben. Aber etwa L v. Chr. gab es einen, der es unbedingt darauf anlegte, Diktator zu werden. Das war Caesar, ein genialer Kopf, kühner Feldherr und größenwahnsinniger Politiker.

Gaius Iulius Caesar

Caesar war eine schillernde Gestalt in Rom. Er war sehr beliebt, auch beim Volk, weil er intelligent und charismatisch war, ein tapferer Soldat und ein eleganter Lebemann. Aber es war auch irgendwie klar, dass er ein richtiges Schlitzohr war.

Er dachte wohl, dass man ihn wegen seiner Beliebtheit als eine Art König akzeptieren würde. Er hatte gerade VIII Jahre lang in Gallien Krieg geführt und die wilden Gallier dazu gezwungen, sich zu ergeben. Man hielt ihn für einen Helden. Trotzdem wollte der Senat nicht, dass Caesar zu viel Macht bekam, weil sie ihn für gefährlich hielten. Sie schickten ein Heer gegen ihn und seine Soldaten, aber er konnte ganz Italia für sich einnehmen und ließ sich zum Diktator für die nächsten X Jahre ernennen. Auf einem kurzen Abstecher nach Ägypten verliebte er sich in die

hiesige Königin Kleopatra. Schließlich wollte Caesar für den Rest seines Lebens über Rom herrschen, und das tat er dann auch, denn schon nach II Jahren der Alleinherrschaft wurde er ermordet - und zwar mitten in der Curia bei einer Senatssitzung!

Die Männer, die sich gegen Caesar verschworen hatten, hofften wohl, dass sie damit die Republik gerettet hätten. Aber dazu waren sie zu spät. Die Leute hatte genug von den ständigen Problemen und Streitereien im Staat. Caesar selbst hatte in seinem Testament einen Nachfolger bestimmt und diesen gleich adoptiert: seinen Großneffen Gaius Octavius. Zwar lebte die Republik nach Caesars Tod noch einmal auf, aber nur so lange, bis Octavius bereit war, in Caesars Fußstapfen zu treten.

Gaius Octavius (Caesar Augustus)

Obwohl er einer der größten Römer überhaupt wurde, war Octavius in frühen Jahren niemand Besonderes. Seine Familie war zwar wohlhabend, aber unbedeutend. Nur weil Caesar keinen Sohn hatte, bekam Octavius die Chance, über Rom zu herrschen. Dazu musste er eine Menge Hürden überwinden: Er musste das Volk und den Senat von sich überzeugen; dann musste er seinen Gegenspieler

Marcus Antonius, der inzwischen mit Cleopatra verheiratet war, ausschalten; bei dieser Gelegenheit eroberte er auch gleich noch Ägypten. Und dann musste er es schaffen, sich zum alleinigen Herrscher zu machen, ohne dass es ihm jemand übelnahm. Eines muss man Octavius lassen: Er war klug und gerissen, dazu mutig und sehr tüchtig. Für Rom war dieser Mann ein großes Glück.

II.VII Die Kaiserzeit

Octavius wollte sich zuerst nicht so einfach zum Herrscher ernennen lassen. Das hat er wirklich ziemlich klug gemacht. Er war XXIII mal Konsul, und am Ende hat er angekündigt, dass er lieber ein zurückgezogenes Leben führen wolle. Aber alle liebten ihn, der Senat und das Volk, und so hat man ihn angefleht, dass er doch bitte Herrscher bleiben möge. Das hat er gemacht, und es hat ihm bestimmt gefallen. Außerdem wurde ihm XXVII v. Chr. der Ehrentitel "Augustus" verliehen, das bedeutet "der Erhabene", und damit war ohnehin alles klar. Augustus war ein wirklich guter Kaiser, und er war auch ein guter Mensch. Er hat sehr einfach gelebt und Tag und Nacht gearbeitet, alles zum Wohle Roms. Das hat sich gelohnt, denn zu seinen Lebzeiten war das Imperium Romanum reich und friedlich. Er hat der Stadt ein ganz neues Gesicht gegeben, erzählt man: Das der schönsten Stadt der Welt mit wunderbaren Bauten und Kunstwerken.

Wären alle Kaiser so gewesen, würde niemand jemals der Republik nachweinen. Aber nach Augustus ging es erst mal abwärts. Sein Stiefsohn Tiberius war als Kaiser noch ganz in Ordnung. Jedenfalls hat er das Reich vergrößert und die Staatskassen gut gefüllt. Aber er war ein düsterer und missmutiger Zeitgenosse, der XXXVII n. Chr. ermordet wurde. Caligula nach ihm war dann der erste Kaiser, der rundheraus wahnsinnig war. Dass er sein Pferd im Jahr XLII zum Konsul ernannte, habe ich ja berichtet. Außerdem ließ er eine Zeit lang alle Glatzköpfigen hinrichten und leistete sich auch sonst so einiges. Sein Onkel Claudius war dagegen ein umsichtiger Herrscher, wenn er auch ein wenig weich in der Birne war, wie wir im Heer gerne sagen. Unter Claudius haben wir Britannien erobert und er hat den Staat ganz neu aufgestellt. Allerdings verdanken wir ihm auch die Herrschaft des Nero, der sein Stiefsohn war. Solange Nero von seinem Lehrer, dem Philosophen Seneca beraten wurde, war er kein schlechter Kaiser. Aber in Wirklichkeit wollte er lieber

Sänger sein und mehr als der Staat interessierten ihn Kunst und Luxus. Er ließ sich einen riesigen neuen Palast bauen und als er sich in Poppaea verliebte, ließ er seine eigentliche Ehefrau umbringen, wie zuvor auch seine Mutter. Und am Ende hat er sich selbst getötet.

Nach ihm, LXIX n. Chr. kamen die Flavier an die Macht und das war ein Glück für Rom. Vespasian und sein Sohn Titus sorgten für eine friedliche Phase, in der Rom nicht nur reicher, sondern auch schöner wurde. Sie haben das wunderbare Colosseum bauen lassen, in dem heute die Gladiatorenkämpfe stattfinden.
Und nach den Flaviern, etwa ab dem Jahr C, kam wahrscheinlich das beste Jahrhundert für Rom.

Die Kaiser Nerva, Trajan, Hadrian und Marcus Aurelius waren allesamt sehr vernünftig. Mein Lehrer Chryses denkt natürlich, das würde daran liegen, dass sie die griechische Kultur so sehr bewunderten. Ich meine, sie waren einfach gerechte und tugendhafte Männer. Unter Trajan und Marcus Aurelius wurden laufend Kriege geführt, aber im Imperium selbst herrschte Frieden. Unter Marcus Aurelius, der ein Philosoph und deshalb besonders menschlich und gerecht war, brach leider eine schlimme Pestilenz aus, an der sehr viele Menschen starben. Sein Sohn Commodus war eher wieder vom Typ Nero. Die Severer, die in den nächsten Jahrzehnten regierten, waren zwar gute Herrscher, mussten aber dauernd irgendeinen Krieg führen.

II.VIII Das Ende Roms

Nachdem Rom über M Jahre ständig größer geworden war, fing es langsam an, immer kleiner zu werden. Wahrscheinlich war das Problem, dass es einfach zu groß war. Kaiser Diokletian überlegte sich im Jahr CCLIIIV deshalb, dass es besser war, zwei Kaiser zu haben, einer für den Westen und einer für den Osten, und dazu noch zwei Hilfskaiser. Er blieb natürlich trotzdem der wichtigste

Mann im Staat. Etwa C Jahre nach dieser Entscheidung brach Rom entzwei und wurde nie mehr zu einem einzigen Reich. XV Jahre später war Italia so geschwächt, dass ein germanischer Stamm sogar bis nach Rom vordrang und es komplett plünderte. Diese Germanen haben uns wirklich überall Probleme gemacht!

Aber auch die Menschen im Reich veränderten sich. In der Zeit der Flavier hat sich eine neue Religion aus dem Osten immer weiter ausgebreitet, in der ein Gott namens Christus angebetet wurde. Viele Kaiser haben diese Religion bekämpft, aber Kaiser Konstantin wurde schließlich selbst Christ. Vorbei war es mit unseren alten Göttern, unseren Gesetzen und Idealen. Am Ende wurde Rom, die Stadt, in der einst über eine Million Menschen gelebt hatten, wieder zu einem großen Dorf.

II.IX Das Imperium Romanum und seine Kolonien

Zu seiner größten Zeit bestand das Reich aus Italia mitsamt LX Provinzen. Es reichte von Britannia im Norden bis Aegyptus im Süden, von *Lusitania*[41] im Westen bis *Armenia*[42] im Osten. Alle Länder rund um das Mittelmeer gehörten uns. Viele unserer Provinzen werden von Barbaren bewohnt, aber andere haben uns mit ihrer großartigen Kultur bereichert.

Natürlich haben die meisten fremden Völker etwas dagegen, unterworfen zu werden. Denn sogar, wenn es keinen Krieg gibt, werden die Bewohner der Provinzen doch oft versklavt und natürlich dürfen wir ihre Reichtümer als Beute behalten. Das würde mir umgekehrt wohl auch nicht gefallen, aber Rom ist nun einmal die

---

[41] Provinz im heutigen Portugal
[42] Heutiges Armenien und umliegende Staaten

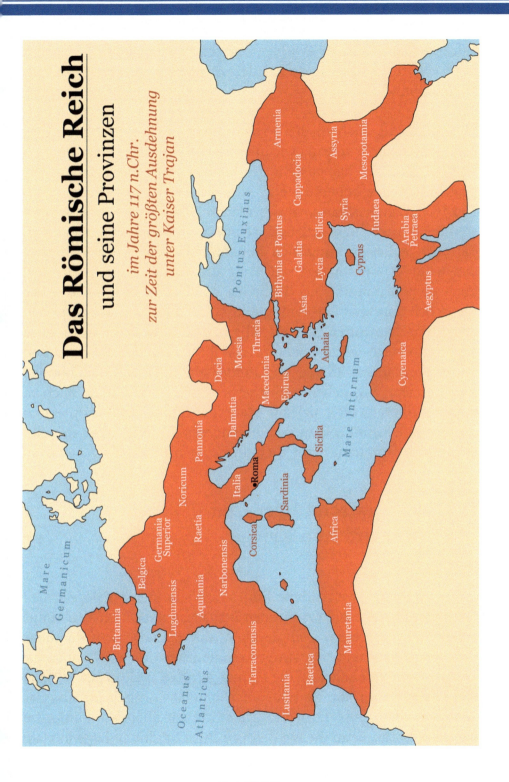

Das Römische Reich
und seine Provinzen

im Jahre 117 n.Chr.
zur Zeit der größten Ausdehnung
unter Kaiser Trajan

Mare Germanicum

Oceanus Atlanticus

Britannia

Belgica

Lugdunensis

Germania Superior

Raetia

Aquitania

Noricum

Narbonensis

Pannonia

Italia

Dacia

Dalmatia

Moesia

Thracia

Macedonia

Epirus

Armenia

Cappadocia

Assyria

Mesopotamia

Pontus Euxinus

Bithynia et Pontus

Galatia

Asia

Lycia

Cilicia

Syria

Cyprus

Iudaea

Arabia Petraea

Aegyptus

Achaia

Cyrenaica

Mare Internum

Sicilia

Sardinia

Corsica

Roma

Africa

Mauretania

Tarraconensis

Lusitania

Baetica

49 | XLIX

stärkste Macht auf der Erdkugel. Manche Völker können aber gut unter der römischen Herrschaft leben, weil sie doch recht ähnlich sind wie wir.

Eigentlich gilt auch in den Provinzen römisches Recht, aber es funktioniert nicht so ganz wie in Rom. Der Herrscher einer Provinz ist ein Proconsul, der anstelle des Kaisers dort regiert. Das ist für gewöhnlich eine beliebte Stelle, weil der Proconsul sich in seiner Provincia nehmen kann, was er möchte. Viele Proconsules kehren steinreich nach Rom zurück. Nicht optimal ist es aber, wenn die dortige Bevölkerung sich auflehnt, dann hat der Proconsul den Salat. Als besonders schwierig gilt in der Hinsicht Iudaea, aber auch Britannia und Germania sind nur mäßig beliebt. Die Menschen dort sind eigenwillig und sehen nicht ein, wieso sie sich den römischen Sitten beugen sollten. Die Einwohner von Iudaea sind besonders wütend, seit Titus ihren Tempel zerstört und Tausende Männer, Frauen und Kinder als Sklaven mitgenommen hat. Das war zugegeben nicht besonders edel von ihm. Auch in Britannia beschweren sich die Menschen immer mal wieder und die Germanen sind bekanntlich besonders schwierig. Aber so bleibt es im Imperium Romanum auch immer spannend.

II.X Das römische Heer und seine größten Kriege

In seiner Anfangszeit führte Rom erst viele kleine Kriege gegen Nachbarvölker. Besonders mit den Etruskern haben wir uns einige Scharmützel geliefert, weil sie über Waffen und eine ordentliche Flotte verfügten und sich gut wehren konnten. Aber wir haben die Etrusker schlussendlich in die Pfanne gehauen und uns ganz Italia einverleibt. Dann konnte man uns Römer bald auch jenseits des Meeres nicht mehr ignorieren. Das störte vor allem die Punier im Norden Africas, denn die wollten von ihrer Stadt Carthago aus am liebsten auch die ganze Welt regieren. Deshalb mussten wir drei Kriege gegen sie führen.

Das erste Mal haben wir sie mit neu gebauten Kriegsschiffen aus Sicilia hinausgeworfen. Das hat sie natürlich ziemlich wütend gemacht, und da haben sie überlegt, wie sie uns eins auswischen können. Die Punier hatten eine ziemlich gute Idee, nämlich von Hispania aus anzugreifen und dort erst mal eine große Armee aufzubauen. Ein Punier hat sich ziemlich hervorgetan. Sein Name war Hannibal und er hatte schon als Kind unter Soldaten gelebt. Natürlich war er deshalb ziemlich hart, und er war auch schlau, das muss man ihm lassen. Hannibal hatte nicht nur zahllose Soldaten, sondern auch viele Tausend Pferde. Außerdem hat er sich aus Africa riesig große Tiere mit langen Stoßzähnen bringen lassen. Wir nennen sie Elephanti und sie sind ziemlich gefährlich. Mitsamt diesen Tieren ist Hannibal über die Pyrenaei und die Alpes gezogen, um Rom anzugreifen. Und er hat uns wirklich vernichtend geschlagen, aber bis nach Rom ist er nie gekommen. Stattdessen hat der Senat Publius Cornelius Scipio nach Carthago geschickt, und er konnte Hannibal -CCII v. Chr. schließlich schlagen.

Von allen großen Feldherren Roms ist Scipio Africanus mir am sympathischsten. Er war wirklich ein großer Held, der uns vor den Puniern gerettet hat. Dabei war er noch sehr jung, als man ihn zum Feldherrn machte, erst XXIV. Er hat erkannt, dass Hannibals große Stärke seine Soldaten zu Pferd waren. Also hat er sich in der großen Schlacht von Zama genau auf diese Reiter konzentriert, und siehe da, Hannibal war besiegt. Dann war Scipio aber sehr menschlich. Er hat Hannibal verschont, obwohl die Römer ihn gerne tot gesehen hätten. Er hat auch nichts Unmenschliches von den Puniern verlangt, nur dass sie keine Kriege mehr führen durften und vom Senat kontrolliert wurden.

Nach diesem Sieg hätten wir vielleicht sogar zu Freunden der Punier werden können, aber das wollte man in Rom ungern sehen.

Ein Gemälde von Hannibal beim Überqueren der Alpen.

Außerdem haben die Punier dann doch wieder einen Krieg vom Zaun gebrochen und da ist dem Senat der Kragen geplatzt. Carthago wurde zur Gänze zerstört und fast alle seine Einwohner umgebracht. So einen hässlichen Krieg haben wir danach nicht mehr geführt, aber es war auch lange Zeit niemand mehr so bedrohlich wie die Punier.

Bis zu dieser Zeit mussten alle römischen Männer Kriegsdienst leisten, aber dann hat man im Heer einiges geändert. Es sollte stattdessen Berufssoldaten wie mich geben, die immer einem bestimmten Feldherren gehorchten. Dadurch wurde das Soldatentum ein beliebter Beruf mit Bezahlung und einer Pension. Es wurde aber auch möglich, dass wir Römer untereinander Kriege führten, weil zwei Feldherren im Clinch miteinander waren, wie Augustus und Marcus Antonius.

Den nächsten großen Krieg führte Caesar gegen die Gallier. Die haben sich VIII Jahre lang tapfer gewehrt, aber am Ende musste ihr Anführer Vercingetorix sich ergeben und Gallia wurde Teil unseres Reiches.

Augustus versucht dasselbe mit den Germanen, aber das ist ihm nicht gelungen. Die germanischen Stämme waren einfach zu stark, deshalb ließ er den Limes errichten, einen Grenzwall, der das Reich vor diesen Barbaren schützen sollte.

Die meisten römischen Kaiser führten irgendwo einen Krieg – sprich: Sie vergrößerten das Reich, denn kaum jemand konnte sich gegen unser riesiges und professionelles Heer wehren. Die Germanen waren freilich immer wieder ein gefährlicher Gegner, auch wenn die verschiedenen Stämme oft alleine gegen uns kämpften.

Unter Trajan und Hadrian haben uns die Parther im Osten große Probleme gemacht.

Aber die ersten, die annähernd gleich stark waren wie wir Römer, waren die Sassaniden, deren gigantisches Reich im Osten an unserer angrenzte. Immer wieder haben sie uns geschlagen (und wie sie!), aber keiner konnte gewinnen.

Dass Rom dann am Ende so klein wurde, hat auch damit zu tun, dass wir die Germanen nie ganz kontrollieren konnten. Sie zogen wild plündernd durch das ganze Reich und schließlich konnte unser großartiges Heer, dem ich immer so stolz gedient habe, nicht mehr gegen die vielen Feinde ankommen, die sich von allen Seiten breit machten.

KAPITEL III

Unsere Götter und Göttinnen

III.I Die Grundlagen unserer Religion

Im Laufe meines Soldatendaseins habe ich viele verschiedene Menschen getroffen und mich mit ihnen über ihre Götter unterhalten. Ich weiß, dass die meisten Völker viele Götter haben, so wie wir. Es sind aber recht seltsame Gestalten darunter. Bei den Ägyptern haben die Götter immer irgendwelche Tierköpfe und erinnern eher an Monster. Zudem habe ich gehört, dass die Juden nur an einen einzigen Gott glauben, der noch dazu körperlos ist und immer zu ihnen hilft. Die Christen, diese neue jüdische Sekte, glauben abwechselnd an einen und an drei Götter, und in jedem Fall haben sie auch so etwas wie eine Muttergöttin.

Wir Römer glauben jedenfalls an viele verschiedene Götter und das finde ich auch recht vernünftig, denn so ist jeder und jede für etwas Bestimmtes zuständig, so wie die Beamten im Staat. Und wenn man etwas braucht, wendet man sich eben an den zuständigen Gott oder die zuständige Göttin. Ganz einfach. Na ja, ganz so einfach ist es nicht, denn die Götter sind launische Wesen, die nicht immer helfen, wenn man sie darum bittet und wenn sie jemanden erhören, nicht immer auf die Art, wie er oder sie sich das wünscht.

Bei uns Römern haben also alle Götter eine bestimmte Aufgabe. Man muss deshalb immer zusehen, dass man sich an den richtigen Gott oder die richtige Göttin wendet, denn wenn man gerade schiffbrüchig ist, kann einem Bacchus, der Gott des Weines, kaum weiterhelfen. Man müsste sich an Neptunus, den Gott des Meeres, oder die Zwillinge Castor und Pollux wenden. Die Götter, die am meisten Macht haben, sind die olympischen Götter. Sie heißen so, weil sie angeblich auf dem Berg Olymp in Griechenland leben. Chryses, mein Lehrer, meint allerdings, dass er den Berg schon besucht hat und dort weit und breit keine Götter hat finden können. Er ist außerdem der Meinung, wir Römer hätten einfach die Götter der Griechen kopiert und die ganzen Geschichten übernommen, die griechische Dichter und Sänger erfunden haben.

Es stimmt schon, dass wir viele der *Fabulae*[43] erzählen, die zuerst von den Griechen aufgeschrieben wurden. Aber anders als ihnen sind uns diese wüsten und manchmal auch komischen Geschichten nicht so wichtig. Jeder Gott und jede Göttin ist durch sein oder ihr Wirken in der Welt erfahrbar, und die Geschichten erzählen nur ein wenig über den Charakter der einzelnen Gottheiten. Aber nun möchte ich euch erst mal erklären, wer die Götter überhaupt sind, damit ihr auch versteht, was ich meine.

III.II Welche Götter und Göttinnen es gibt

Unser mächtigster und wichtigster Gott ist Iuppiter. Manche nennen ihn auch Göttervater, aber er war nicht der erste Gott, den es gab. Sein Vater ist Saturnus, und der ist wiederum der Sohn des Himmels (Uranus) und der Erde (Tellus). Saturnus ist ein wichtiger Gott bei uns Römern, der die Aussaat und das Wachstum der Pflanzen unterstützt. Aber er ist auch ein düsterer Geselle, der alle seine Kinder auffressen wollte, weil er Angst hatte, dass sie mächtiger würden als er. Sein sechstes Kind aber hat Ops, Saturnus Frau, vor ihm versteckt. Das war Iuppiter, und als er alt genug war, zwang er Saturnus, die fünf anderen wieder auszuspucken. Iuppiter ist zwar der Jüngste, dafür aber der Tapferste und deshalb ist er der König des Götterhimmels. Er und IV seiner Geschwister leben also

---

[43] Geschichten oder Mythen

am Olymp, zusammen mit VII von Iuppiters Kindern. Zusammen sind es also XII olympische Gottheiten.

❖⋈❖ Die XII Götter vom Olymp ❖⋈❖

Der Göttervater Iupiter und die Göttin Iuno.

Iuppiter ist, wie ich schon sagte, der oberste Gott. Deshalb wird er natürlich besonders verehrt und ihm sind unheimlich viele Tempel geweiht. Von Iuppiter wollen wir oft Zeichen für die Zukunft und die Auguren, die diese Zeichen lesen können, tun das immer vom *Capitolium*[44] aus. Dieser Hügel gehört im Grunde Iuppiter. Weil Iuppiters eigentliche Gestalt der Blitz ist, sind auch Orte, an denen

---

[44] Einer der sieben Hügel Roms

der Blitz eingeschlagen hat, heilig. Der Blitz wird auch als Waffe des Iuppiter betrachtet, wenn er zornig ist. Als Statue oder auf Bildern wird er deshalb oft mit einem Blitz in der Hand dargestellt, und dazu sitzt ihm manchmal ein Adler auf der Schulter. Deshalb ist der Flug der Adler für die Auguren ein besonders wichtiges Zeichen. Iuppiters Name kommt von "Pater", was "Vater" bedeutet, und tatsächlich hat Iuppiter unheimlich viele Kinder, mindestens LX.

Iuno ist Iuppiters Frau. Sie ist die Göttin der Ehe und Familie und besonders der Frauen. Allerdings ist sie auch die besondere Schutzgöttin von Rom. Sie steht außerdem Müttern und Frauen bei der Geburt bei. Iuno ist eher ein häusliche Göttin. Sie mag ein harmonisches, ordentliches Familienleben. In den Fabulae ist sie oft sauer auf Iuppiter, weil der dauernd andere Frauen hat. Iunos Statuen tragen oft einen Stab oder auch eine Lanze und werden von einem Pfau begleitet, der ihr Lieblingstier ist.

Minerva ist eine ganz spezielle Göttin. Sie steht für Weisheit und Vernunft, aber sie hat auch etwas für Kunst übrig. In Rom ist sie neben Iuppiter und Iuno die wichtigste Göttin, und sie wird besonders von Handwerkern verehrt, die unter ihrem besonderen Schutz stehen. In der Fabula heißt es, Minerva sei vor ihrer Geburt im Kopf des Iuppiter herangewachsen und sei deshalb so klug. Sie selbst hat nie geheiratet und hat auch keine Kinder. Minerva liebt die Wissenschaften, und sie ist auch eine Göttin des Krieges, deshalb sieht man sie oft mit Rüstung und Helm abgebildet. Sie wird aber auch oft von einer Eule begleitet, die ja bekanntlich so ein kluger Vogel ist. Wenn ich in einen Kampf verwickelt bin, hoffe ich oft auf die Hilfe der Minerva, weil sie für kluge und kühle Strategie steht.
    Ganz anders ist ihr Halbbruder Mars, der ebenfalls ein Gott des Krieges ist. Er mag wilde Kämpfe und Blutvergießen. Vielleicht ist es ganz passend, dass Romulus und Remus seine Söhne gewesen sein sollen, denn wir Römer haben ja sehr viele Kriege geführt und wir mögen auch gerne Gladiatorenkämpfe und blutige Spiele. Chryses meint, dass Mars, der bei den Griechen "Ares" heißt, ein dummer

Raufbold ist und deshalb von niemandem gemocht wird, nicht einmal von seinen Eltern Iuppiter und Iuno. Wir Römer aber mögen Mars und feiern gerne Feste in seinem Namen oder veranstalten ihm zu Ehren Spiele. Die finden oft auf dem Campus Martius statt, einem riesigen Feld etwas außerhalb von Rom. Diesen Platz dürfen wir Soldaten auch immer zum Trainieren verwenden.

Die Göttin Minerva, die Götter Mars und Vulcanus.

Mars hat auf dem Olymp einen echten Feind, und das ist Vulcanus. Er ist der Gott des Feuers und der einzige Olympier, der eine richtige Arbeit hat. Er ist nämlich Schmied und deshalb auch ein Gott der Handwerker. Dargestellt wird er mit Hammer und Zange, weil er ständig am Schmieden ist: Er stellt die besten Waffen der Welt für die Götter und ihre Günstlinge her. Vulcanus ist eigentlich ein sympathischer Gott, aber er ist auch ein bisschen wild. Seine Tempel stehen deshalb immer außerhalb der Stadt. Man sagt auch, dass Vulcanus manchmal einen richtigen Wutanfall hat und mit aller Kraft auf seinen Amboss einschlägt. Dann spuckt die Erde Feuer und ein Vulkan bricht aus, so wie es während der Herrschaft von Kaiser Titus in Herculaneum und Pompeii passiert ist. Weshalb Vulcanus so sauer ist, wollt ihr wissen? Weil seine Frau Venus eine Liebschaft mit Mars hat, und das kann Vulcanus einfach nicht ertragen.

Venus ist die Göttin der Schönheit und Liebe, und wahrscheinlich darf Vulcanus sich gar nicht erwarten, dass sie ihm immer treu ist. Venus ist die Schwester des Saturnus und sie wurde aus dem Meer geboren. Sie ist deshalb auch eine Göttin des Wassers, die alles Lebendige wachsen lässt. Sie wird immer als schöne Frau dargestellt, meistens ohne Kleidung. Sie liebt Blumen und trägt deshalb oft Rosen und Myrte. Außerdem steht ihr ein Delfin zur Seite, der, wie sie, ein sanftes und freundliches Wasserwesen ist. In Rom wird Venus sehr verehrt, denn als Mutter des Aeneas ist sie eine Urmutter der Römer. Venus hat uns sogar geholfen, den zweiten Krieg gegen die Punier zu gewinnen. Ursprünglich war sie auf ihrer Seite, nur dass sie bei den Puniern Eryx hieß. Aber dann haben wir ihr auf dem Capitolium einen wunderbaren Tempel erbaut, und von da an ging es bergauf mit dem Krieg! Venus ist zwar eigentlich eine friedfertige Göttin, aber sie hat ihre Lieblinge, und denen hilft sie einfach überall, im Krieg, in der Liebe, im Spiel, im Beruf...

Diana ist das ziemliche Gegenteil von Venus. Sie ist eine Jägerin, die stets Pfeil und Bogen oder eine Lanze trägt. Manchmal wird sie von einem Wildtier, einem Reh oder etwas Ähnlichem begleitet und sie trägt auch oft eine Mondsichel im Haar. Diana ist die Schutzgöttin der Jäger, der wilden Tiere und der Wildnis, aber auch der Frauen, vor allem der Jungfrauen. Sie ist selbst sehr wild und unabhängig und man hört ständig von ihr, dass sie jemanden erschießt. Oft sind es Männer, die sie heiraten wollen, aber Diana bleibt lieber alleine. Weil sie am liebsten mit ihren Freundinnen im Wald jagt,

ist ihr wichtigstes Heiligtum nicht der große Diana-Tempel am *Aventinus*[45]. Es gibt ein viel älteres Heiligtum am See Nemi südlich von Rom, das in einem Wald liegt. Sehr passend, wie ich finde.

Die Göttinnen Venus, Diana und der Gott Saturnus.

Dianas Mutter Latona hat Zwillinge von Iuppiter. Der andere Teil des Zwillingspaares ist Apollo. Er ist ein ziemlich ernster Gott, mit dem nicht gut Kirschen essen ist. Apollo kann die Zukunft weissagen, und er kann auch anderen diese Gabe verleihen. In Delphi in Griechen-land gibt es ein Orakel des Apollo, in dem eine Priesterin namens Pythia jeden Tag die Zukunft vorhersagt. Allerdings spricht sie in Rätseln, denn Apollo ist ein ziemlich schlauer Gott. Er ist auch recht streng, er steht für ein mäßiges und diszipliniertes Leben. Apollo kann Heil bringen und er ist auch ein Gott des Lichtes. Wenn er

---

[45] Ein weiterer Hügel Roms

aber jemanden nicht mag (zum Beispiel die Griechen, die einst die Stadt Troja belagerten), dann schickt er scheußliche Krankheiten. Andererseits mag Apollo aber auch die Künste, besonders die Musik, und er kann selbst sehr schön Cithara spielen, heißt es.

So streng und gerade Apollo ist, so verschlagen ist sein Halbbruder Mercurius. Mercurius hat eine sehr wichtige Aufgabe, denn er ist der Bote der Götter, der den Menschen ihre Nachrichten überbringt. Außerdem führt er die Seelen der Verstorbenen zur Unterwelt. Weil er ständig auf Draht ist, trägt Mercurius einen Helm und Sandalen mit Flügeln, die ihm eine enorme Geschwindigkeit verleihen. Die Händler und Kaufleute beten besonders zu Mercurius, weil er ihnen mit seiner durchtriebenen Art oft hilft. Er ist zudem ein Schutzgott für die Reisenden wie auch für die Diebe.
Wer am Schiff reist, wie das viele wohlhabende Römer tun, betet

Die Götter Mercurius und Apollo.

aber nicht zu Mercurius, sondern zu Neptunus. Er ist der furchterregende Gott des Meeres und des Wetters, Iuppiters grimmiger Bruder. Wenn Neptunus zornig ist, lässt er schreckliche Stürme über die Ozeane fegen. Ihr erkennt ihn an seinem Dreizack. Auf manchen Bildern trägt er selbst einen Fischschwanz, oder er wird in einer Muschel von Pferden gezogen, die statt der Hinterbeine einen Fischschwanz haben. Neptunus ist bei uns Römern auch ein Gott der Flüsse, Quellen und Seen. Weil Neptunus das Wetter beeinflusst, wird er oft auch um Regen angefleht. Sein Fest findet zur heißesten Zeit des Jahres im Monat Iulius statt.

Der Gott des Meeres Neptunus.

Ceres ist Iuppiters sanfte Schwester. Sie ist zuständig für die Landwirtschaft, das Wachstum der Pflanzen und die Ernte. Natürlich macht sie das zu einer sehr wichtigen Göttin, denn ohne sie hätten wir nichts zu essen. Im Monat Aprilis findet deshalb ein XII Tage dauerndes Fest mit Spielen zu Ehren der Ceres statt. Ceres

wird von den Plebejern ganz besonders verehrt, denn viele von den einfacheren Leuten sind Bauern. Auch bei uns zu Hause auf dem Hof meiner Eltern haben wir jeden Morgen ein Gebet speziell an Ceres gerichtet, damit sie uns zu einer reichen Ernte verhilft. Ceres ist auch der Ursprung des Wechsels der Jahreszeiten.

Eine Schwester Iuppiters ist noch übrig, und die ist uns Römern besonders wichtig. Sie heißt Vesta und ist die Hüterin des Herdfeuers. Dieses Feuer ist besonders wichtig dafür, dass die kleinen Haushalte und auch der große "Haushalt des Staates" funktionieren und gedeihen. Vesta ist eine jungfräuliche Göttin, die sehr streng und rein ist und sich nur auf ihre Aufgaben konzentriert. An ihren Festtagen laufen die römischen Frauen ohne Schuhe zu ihrem Tempel und bitten um Schutz für ihr Haus und ihre Familie.

Die Göttinnen Ceres und Vesta.

Die Götter der Unterwelt Proserpina und Plato.

Das sind aber bei Weitem noch nicht alle wichtigen Gottheiten! Iuppiters Bruder Pluto zum Beispiel lebt gar nicht auf dem Olymp. Er hat sozusagen eine andere Wohnung, und zwar die Unterwelt, wo die Seelen der Toten leben. Pluto, Neptunus und Iuppiter haben sich so die Welt untereinander aufgeteilt: Iuppiter bekam die Erde und den Himmel, Neptunus die Ozeane und Pluto eben die Unterwelt. Dort gibt er auf die toten Seelen acht. Weil es dort unten wohl recht einsam war, hat Pluto sich die schöne Proserpina mitgenommen, damit sie ihm Gesellschaft leistet. Proserpinas Mutter ist Ceres, die dafür sorgt, dass alles wächst und gedeiht. Ceres war so entsetzt und traurig über den Raub ihrer geliebten Tochter, dass alle Pflanzen auf der Welt zu wachsen aufhörten. Da überlegte sich Proserpinas Vater Iuppiter eine einfache Lösung: Das halbe Jahr lebt Proserpina bei ihrer Mutter, die dann glücklich ist und alles wachsen und

gedeihen lässt. Dann wird es Frühling und Sommer. Wenn sie dann für den Rest des Jahres zu ihrem Mann Pluto in die Unterwelt geht, wird es Herbst und Winter, weil Ceres trauert.

Herr und Herrin der Unterwelt leben also nicht auf dem Olymp. Dafür tun es aber zwei besondere Söhne des Iuppiter, die beide eine Menschenfrau zur Mutter haben. Einer ist der Held Hercules, der bekannt für seine vielen Abenteuer ist. Er hatte ein ziemlich wildes Leben, in dem er unter anderem zwölf fast unmögliche Arbeiten verrichten musste. Oder wüsstet ihr, wie man einen unverwundbaren Löwen erlegen kann?

Hercules musste das alles ertragen, weil Iuno ihn nicht ausstehen konnte. Sie war sauer, weil Iuppiter sich in Hercules' Mutter verliebt hatte. Aber nach seinem aufregenden Leben ließ sie ihn auf den Olymp kommen und ihre Tochter Iuventas heiraten.

Iuppiters anderer Sohn ist Bacchus, ein ziemlich lustiger Geselle. Er ist der Gott des Weines, der Freude und auch des Wahnsinns. Beim Fest des Bacchus, den Bacchanalia, ging es so wild her, dass sie irgendwann vom Senat verboten wurden.

Aber auch damit sind längst nicht alle Göttinnen und Götter komplett. Es gibt noch viele andere!

DIE KLEINEREN GÖTTER

Aesculapius
Der Gott der Heilkunst, der Ärzte und der Schlangen
Amor
Der Liebesbote, der mit seinem Pfeil unschuldige Leute dazu bringt, sich unsterblich zu verlieben

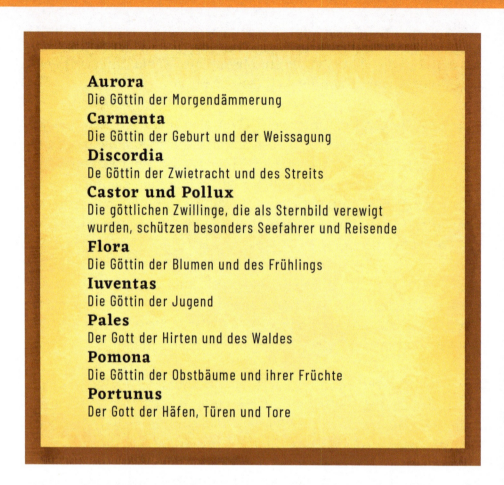

Aurora
Die Göttin der Morgendämmerung

Carmenta
Die Göttin der Geburt und der Weissagung

Discordia
De Göttin der Zwietracht und des Streits

Castor und Pollux
Die göttlichen Zwillinge, die als Sternbild verewigt
wurden, schützen besonders Seefahrer und Reisende

Flora
Die Göttin der Blumen und des Frühlings

Iuventas
Die Göttin der Jugend

Pales
Der Gott der Hirten und des Waldes

Pomona
Die Göttin der Obstbäume und ihrer Früchte

Portunus
Der Gott der Häfen, Türen und Tore

Außerdem wurden auch einige Kaiser und Imperatoren zu Göttern ernannt. Divus Iulius war früher Caesar und Divus Augustus natürlich Kaiser Augustus. Aber ich glaube nicht so recht daran, dass die beiden jetzt wirklich Götter sind.

III.III Wie wir mit den Göttern und Göttinnen in Kontakt treten

Ich habe ja schon erklärt, dass bei uns eine Gottheit dasselbe ist wie ihr Wirken. Iuppiter ist der Blitz, Neptunus ist die stürmische See,

Ceres ist das Wachstum der Pflanzen. Doch wie die Griechen glauben auch wir, dass die Götter die Gestalt von Menschen annehmen können. So zeigen wir sie ja auch in den Tempeln, die voller Statuen und Gemälde sind: als schöne, makellose, ewig junge Menschen mit besonderen Kräften.

Allerdings kommt es gar nicht so oft vor, dass ein Gott oder eine Göttin sich in einen Menschen verwandelt. Jedenfalls glaube ich das, man weiß es nie so genau. Ein Kamerad aus meiner Kasernenstube behauptet steif und fest, er habe einmal Iuppiter in Gestalt eines Bettlers getroffen. So etwas machen die Götter schon mal, um einen auf die Probe zu stellen. Celer, so heißt mein Kamerad, hat dem Bettler eine Sesterze gegeben und am selben Abend hat er beim Würfelspiel mehr als tausend Sesterzen gewonnen.

Doch auch wenn die Götter nicht die Gestalt eines Menschen annehmen, können sie natürlich unsere Gebete hören. Wenn ein Priester oder eine Priesterin betet, hören sie wohl besonders genau hin. Aber auch ein gewöhnlicher Mensch spricht, wenn er fromm ist, jeden Tag so einige Gebete an die verschiedenen Götter, je nachdem, was gerade ansteht. Wenn ich zum Beispiel einen langen Dauerlauf oder einen Wettkampf vor mir habe, bitte ich Mercurius um gutes Gelingen. Wenn ich vor einer schwierigen Aufgabe in der Rechenstube stehe, flehe ich Minerva an, dass sie mir etwas Grips in den Kürbis gibt. Und wenn wir in Gallia auf die Jagd gegangen sind, habe ich natürlich zu Diana um gute Beute gebetet.

Es ist sehr wichtig, dass man diese Gebete in schöne Worte kleidet und sie fehlerfrei ausspricht, sonst muss man nämlich wieder von vorne anfangen.

Wenn man ein großes Anliegen hat und die Götter besonders freundlich stimmen will, dann braucht es ein Opfer. Nur die Priester der größten Tempel oder der Kaiser selbst, der ja der *Pontifex maximus*[46] ist, opfern Tiere. Wir einfachen Menschen bringen den Göttern eher Blumen, kleine Leckereien, Amulette aus Gold, Bronze oder Silber, Wein, wertvolle Öle oder Weihrauch. Es freut die Götter aber auch, wenn man ihnen Dinge bringt, an denen man sehr hängt, zum Beispiel ein Schmuckstück oder auch die eigenen Haare. Mädchen opfern vor ihrer Hochzeit ihre ganzen Spielsachen der Venus. Die Idee dahinter nennen wir "Do ut des". Ich gebe den Göttern also etwas Schönes, damit sie mir ihrerseits auch etwas geben. Eigentlich ist es ganz einfach.

Je mehr den Göttern ein Opfer gefällt, desto eher hören sie dann auch auf das dazugehörige Gebet.

Übrigens können auch die Götter mit uns Kontakt aufnehmen, wenn man die Zeichen zu lesen in der Lage ist. Wenn man um etwas Bestimmtes bittet, das dann auch passiert, kann man jedenfalls ziemlich sicher sein, dass man erhört worden ist.

Aber die Götter nutzen auch andere Mittel, sich verständlich zu machen, und dafür braucht es dann die Auguren. Das sind spezielle Priester, die sich im Erkennen der Omina besonders gut auskennen. Dabei achten sie oft auf den Flug der Vögel. Die heiligen Hühner des Mars können zwar nicht fliegen, aber an der Art, wie sie auf dem Boden herumpicken, kann der Augur auch etwas erkennen. Das behauptet er zumindest. Außerdem beobachtet er auch den Himmel und das Wetter, und wenn in Rom plötzlich ein Wolf auftaucht, ist das auch ein Zeichen. Der Haruspex dagegen hat die angenehme Aufgabe, in den Eingeweiden der Opfertiere Omina zu erkennen. Ich esse zwar wirklich gerne Leber, aber das finde ich dann doch abstoßend.

Andere Omina können auch wir gewöhnlichen Leute erkennen. Gutes Wetter zu Beginn einer Reise oder einer Schlacht ist jedenfalls immer ein gutes Zeichen.

III.IV Wie wir Religion im Alltag leben

Viele Römer gedenken der Götter jeden Tag und beten zu ihnen. Am frühen Morgen ist das sogar verpflichtend: Alle aus der Familie, auch die Sklaven, müssen sich am *Lararium*[47] versammeln. Der Pater familias spricht dann die Gebete an Vesta, die Penaten, die Laren, an den doppelgesichtigen Ianus, oft auch an Iuno und an den *Genius*[48] des Hauses. Dazu wird mit Öl ein Feuer entzündet, in dem Opfergaben verbrannt werden. Das dauert immer nur ein paar Minuten, aber es muss wirklich jeden Morgen erledigt werden.

In den Tempeln ist es ähnlich, nur dass die Gebete dort für die ganze Stadt oder sogar das ganze Reich gesprochen werden. Das müssen die Priester des Gottes tun, dem der Tempel gehört. Sie opfern häufig Tiere, für große Feste oder Spiele sind es schon einmal Ochsen, zum Fest des Mars im October sogar ein Pferd.

Es gibt natürlich auch Priesterinnen, und die wichtigsten von ihnen sind die Vestalinnen, die nicht heiraten dürfen. Es ist eine richtig große Ehre für ein Mädchen, wenn es zur Vestalin erwählt wird, weil es nämlich immer nur sechs auf einmal geben darf. Die Vestalinnen hüten das ewige Feuer im großen Tempel der Vesta und kümmern sich um bestimmte Opfer. Es bedeutet immer Glück, wenn man auf der Straße einer Vestalin begegnet. Wenn man gerade dummerweise zum Tode verurteilt ist, bedeutet die Begegnung mit einer Vestalin, dass man weiterleben darf.

Priester und Priesterinnen führen also Gebete und Opfer für die Öffentlichkeit aus. Dabei müssen sie wirklich höllisch aufpassen, dass ihnen kein Fehler unterläuft. Das wäre dann nämlich ein

---

[46] Der oberste Priester im Staat
[47] Hausaltar
[48] Schutzgeist

schlechtes Omen. Sogar wenn ein einfacher Assistent bei einem Opfer niesen muss oder einen Schluckauf bekommt, ist das ganze Ritual für die Katz.

Ihr seht also, dass wir ziemlich dahinter sind, den Göttern zu gefallen und sie sogar ein bisschen zu kontrollieren. Aber das lassen sie sich scheinbar gerne gefallen, denn bis jetzt waren sie unserer Stadt und dem Imperium immer gnädig.

KAPITEL IV

Was in eurer Zeit noch von Rom übrig ist

IV.I Erfindungen und Ideen, die ihr uns Römern verdankt

Man kann sagen, was man will, wir Römer sind ein ziemlich einfallsreiches Volk. Viele Dinge, die für euch in eurer Zeit zum gewöhnlichen Alltag gehören, würde es ohne uns womöglich nicht geben. Hier zähle ich euch einige dieser unabkömmlichen Errungenschaften auf:

Der Kalender

Euer Kalender ist praktisch der gleiche wie unserer, und zwar von den Kalendern des Ianuaris bis zu den Terminalien des December. Damit die Monatsnamen Sinn ergeben, muss ich mit dem alten Kalender arbeiten, in dem das Jahr mit Frühlingsbeginn im Monat Mars anfing. Erst CLIII v. Chr., wurde der Ianuaris zum ersten Monat des Jahres ernannt.

Mars: Dieser Monat ist natürlich nach dem Gott Mars benannt, da gibt es nicht viel zu erklären.

Aprilis: Woher der Name dieses ersten richtigen Frühlingsmonats kommt, weiß ich selbst nicht genau, aber vielleicht von aperire, das heißt "öffnen", oder von apricus, was "sonnig" bedeutet.

Mai: Die Göttin Maia ist die Namensgeberin für diesen Monat. Wir nennen sie auch "Bona Dea", die "gute Göttin", weil sie Heilung und Schutz schenkt und dafür sorgt, dass unser Volk fruchtbar bleibt und weiter wächst.

Juni: Dieser Monat ist nach unserer verehrten Göttin Iuno benannt.

Juli: Natürlich erinnert der Name dieses Monats an die Iulii, und wer ist wohl der bekannteste unter ihnen? Natürlich Caesar, der sich mit diesem Monat für viele Tausend Jahre verewigt hat.

August: Wer kommt nach Caesar? Natürlich Augustus, dem der Senat mit der Umbenennung des sechsten Monats, der ursprünglich Sextilis hieß, eine besondere Ehre erweisen wollte.

September: Der siebte Monat im Jahr hat seinen Namen ganz einfach von der Zahl sieben, "septem".

October: "Octo" bedeutet "acht", der October ist demnach der achte Monat im Jahr.

November: Es geht noch weiter mit dem Durchzählen: "Novem" heißt neun.

December: Der Monat der Wintersonnwende ist der zehnte Monat im Jahr ("decem" bedeutet zehn).

Ianuaris: Dieser Monat ist dem Gott Ianus geweiht, der zwei Gesichter hat und mit einem nach vorne (ins neue Jahr oder in die Zukunft), mit einem aber nach hinten (ins alte Jahr oder in die Vergangenheit) blickt.

Februaris: An den Iden des Februaris findet ein Reinigungsfest statt, dass wir die "Februa" oder auch die "Lupercalia" nennen. Das ist das Fest des Gottes Faunus, der den Wald, die Bauern und Hirten schützt. An diesem Tag sühnen wir alles Unrecht, das wir im vergangenen Jahr getan haben und bereiten uns auf den Beginn eines neuen Zyklus in der Natur vor.

Nicht nur, dass alle eure Monatsnamen den unseren entsprechen, ihr verdankt es überhaupt dem guten, alten Gaius Iulius Caesar, dass ihr einen so genauen Kalender habt. Na gut, er hat es sich auch von den Ägyptern abgeschaut, aber nur seinetwegen passen Mond- und Sonnenkalender jetzt auf der ganzen Welt zusammen. In Rom hatten wir einen Mondkalender. Ein Jahr dauerte also so lange wie XII Mondzyklen. Caesar hat damit aufgeräumt und das Sonnenjahr zur Grundlage des Kalenders gemacht. Außerdem hat er alle vier Jahre einen Schalttag eingeführt, denn das Sonnenjahr ist CCCLXV und ein viertel Tage lang. Kaum zu glauben, dass er in seiner kurzen und turbulenten Herrschaft Zeit für so etwas hatte!

Beton

Zum Bauen benutzen wir schon lange Kalkmörtel, eine Mischung aus Sand und Löschkalk. Wenn man noch mehr Sand und Kies zugibt, erhält man einen steinharten Baustoff, den man in jede beliebige Form gießen kann. Deshalb haben römische Baumeister vor einiger Zeit begonnen, Mauern nicht mehr aufzuschichten, sondern zwischen zwei große Platten zu gießen und dann trocknen zu lassen. Das ist fast der gleiche Weg, den ihr für eure Betonwände nehmt. Auf diese Weise können wir meilenlange Aquädukte und Wasserleitungen bauen. Auch das grandiose Colosseum besteht zu einem Gutteil aus Beton, und die Kuppel des Pantheons wurde sogar zur Gänze aus Beton gegossen!

Öffentliche Latrinen und Badehäuser

Ich muss ehrlich sagen, dass Rom keine besonders saubere Stadt ist, aber ich habe doch schon viel Schlimmeres gesehen. Ein großes Glück ist, dass es bei uns öffentliche Latrinen und Badehäuser gibt, in denen die Menschen ihr Geschäft verrichten und sich reinigen können. Dazu verwenden wir Wasserleitungen mit fließendem Wasser, das dann den ganzen Schmutz über eine Kloake in den Tiber spült. Das hilft einerseits, die Straßen sauber zu halten. Andererseits sind Latrinen und Bäder auch einfach der ideale Treffpunkt: Ihr solltet mal sehen, was da oft für ein Lärm herrscht, weil alle möglichen Gespräche im Gang sind. Sogar Handel wird auf der Latrine getrieben!

Hochhäuser

Ich würde zwar gerne behaupten, dass wir Römer den Hochbau erfunden haben, aber natürlich gab es schon lange vor der Gründung der Stadt Pyramiden in Ägypten und riesige Tempel in Griechenland. Aber Hochhäuser mit Mietwohnungen, wie ihr sie auf der ganzen Welt errichtet, haben eindeutig wir Römer erfunden. Ich spreche natürlich von den Insulae, die es ermöglichten, dass viele Menschen auf kleinem Raum leben konnten. Früher hatten die Insulae manchmal IX Stockwerke, aber Augustus hat das Streben in die Lüfte eingebremst. Zugegeben ist die Bauweise der Insulae nicht besonders stabil, sie werden nämlich nicht aus Betonwänden, sondern aus Schlammziegeln gebaut und brechen ziemlich leicht zusammen. Deshalb sind die Mietwohnungen in den Insulae auch billig, vor allem in den oberen Stockwerken. Die Wohnungen sind eher klein und dunkel, manchmal sind es auch nur winzig kleine Zellen mit einem Bett drin.

Das Beamtentum

Natürlich gab es schon vor der römischen Republik Mitarbeiter des Staates (meistens des Königs oder Herrschers), die für die Öffentlichkeit arbeiteten. Vielleicht habt ihr davon gehört, dass die Griechen etwa zur selben Zeit wie wir einen Staat entwickelten, in dem das Volk sich selbst regierte. Aber so klar geregelt wie in der römischen Republik war es selbst bei den Griechen nicht. Es gab genaue Vorschriften, welcher Magistratus, also Beamter, welche Aufgaben zu erfüllen hatte und in welcher Reihenfolge man welche Stellung innehaben konnte. So bekam zum Beispiel jeder

Consul nach Ende seiner Regierungszeit eine Provinz zugespro-
chen, die er dann regieren musste, alles im Dienste Roms. Ich will
nicht sagen, dass niemand seine Macht missbraucht hat, aber es
hat doch ziemlich gut funktioniert. So gut, dass auch moderne
Staaten ihre Beamten mehr als alles andere brauchen.

Staatliche Hilfen

Für die meisten Menschen ist wohl klar, dass sie ihrem Staat,
ihrem Dorf oder ihrem Stamm dienen wollen. Ich als römischer
Soldat kann aber sagen: Ich diene dem Imperium Romanum, aber
dafür bekomme ich auch etwas, und zwar mehr als meinen Sold.
Wenn ich einmal meinen Dienst geleistet habe und zu alt bin, um
noch im Heer zu bleiben, gehe ich in den Ruhestand und werde
weiterhin bezahlt. Früher erhielten die Legionäre im Ruhestand
sogar ein Stück Land, aber das habe ich nicht nötig, ich kann ja
auf dem Hof meines Bruders leben. Es ist also Aufgabe des Staates,
dass er sich um seine Bürger kümmert, wenn sie alt, krank
oder in Not sind. In der späten Republik wurde deshalb damit
begonnen, Getreide kostenfrei zu verteilen, sodass alle Römer
zumindest genug zu essen haben. Außerdem ist es wichtig, dass
ein guter Kaiser sich um sein Volk kümmert, deshalb haben viele
Herrscher öffentliche Krankenhäuser und Thermen gebaut und
die Wagenrennen und Gladiatorenspiele kosten auch fast nichts.
Die sind zwar nicht lebensnotwendig, aber trotzdem freuen sich
alle darüber.

Römisches Recht

Die Gesetze Roms sind auf zwölf steinernen Tafeln festgehalten.
In der frühen Republik wollten die Plebejer mehr Rechte und eine
gerechtere Gesellschaft. Da haben wir uns dann einiges von den
Griechen abgeschaut, aber die Gesetze an sich sind eine völlig

römische Sache. Im Ius *civile*[49] sind viele Gesetze aus dem Familien-leben festgehalten und es regelt im Großen und Ganzen unser Zusammenleben. Auch in eurer Zeit müssen alle, die Anwälte oder Richter werden möchten, über römisches Recht lernen. Jeder Staat, der eigene Gesetze hat, macht irgendwo Anleihen bei uns, denn ein so ausgeklügeltes Gesetz wir unseres hatte vorher niemand. Klar, dass dieses Vorbild das Recht auf der ganzen Welt beeinflusst hat.

IV.II Welche Bedeutung Latein in eurer Zeit hat

Nach dem Ende des römischen Reiches hat es nur noch kurze Zeit gedauert, bis auch unsere Sprache sich sehr verändert hat. Das schönste Latein, sagt Chryses, wurde zur Zeit von Cicero und Caesar gesprochen. Es war ihm sehr wichtig, dass ich, obwohl ein Bauernjunge, die Grammatik ordentlich beherrsche und mich schön ausdrücke. Doch bald lernte gar niemand mehr dieses klassische Latein als Muttersprache. Stattdessen wurde es zur Sprache der Gelehrten, der Religion und der Wissenschaften. So wie im Imperium Romanum konnten sich auch noch viele Jahrhunder-te lang gebildete Menschen aus aller Herren Länder auf Latein unterhalten. Das kann zu eurer Zeit kaum mehr jemand. Latein ist keine gesprochene Sprache mehr.

Aber viele von euren ganz wichtigen Sprachen würde es ohne das Lateinische gar nicht geben. Das glaubt ihr mir nicht? Nun, Italienisch ist zum Beispiel aus dem Volkslatein des Mittelalters entstanden. Es war anfangs so etwas wie ein lateinischer Dialekt. Etwa M Jahre nach unserer Zeit war das Italienisch der einfachen Leute fast so wie das Latein, das meine Eltern auf dem Land sprechen. Französisch ist aus dem Latein entstanden, das die Gallier

---

[49] Bürgerliches Recht, auch "Zwölftafelgesetz" genannt

gesprochen haben – bis heute hört man ihren auffälligen Akzent durch. Spanisch und Portugiesisch ist das, was auf der Iberischen Halbinsel aus dem Lateinischen entstanden ist. Beides kann ich ganz gut verstehen. Etwas schwieriger ist für mich Rumänisch, aber ich kann viele Wörter erraten.

Diese Familie von Sprachen nennt man auch die "romanischen", weil sie ihren Ursprung in Rom nehmen. Aber sogar jene Sprachen, die überhaupt nichts Romanisches an sich haben, sondern aus der germanischen, keltischen oder semitischen Sprachfamilie kommen, strotzen nur so vor lateinischen Begriffen.

"Traktor" (von traho … ziehen) ist ein Wort, das in vielen Sprachen verwendet wird. Auch die "Universitas" wird von Studentes auf der ganzen Welt besucht. Sogar der Computer, einer eurer Lieblingsmaschinen, kommt vom lateinischen Wort für "rechnen" (computo). Irgendwann hat sich die Sache so entwickelt, dass lateinische Begriffe besonders fein und gelehrt klingen. Nur die Leute, die genug Geld und Ansehen haben, um sich eine gute Schulbildung zu leisten, können Latein verstehen. Und auch wenn sie es nicht sprechen können, werfen sie doch mit witzigen oder klugen Sprichwörtern um sich. Je klüger und gebildeter jemand ist, desto mehr lateinische Fremdwörter verwendet er oder sie – so kommt es mir jedenfalls manchmal vor. Das finde ich recht lustig, denn Latein ist für mich die Sprache der Bauern und Arbeiter, die ich bei mir zu Hause gelernt habe, und die hat bestimmt nichts Feines an sich.

IV.III Die schönsten Bauwerke aus römischer Zeit

Unsere Architektur bleibt über eine lange Zeit hinweg unangetastet: Niemand konnte nach uns so schön und elegant bauen, finde ich.

Auch noch mehr als tausend Jahre nach unserer Zeit versuchten die Leute, unseren Baustil nachzuahmen. Das heißt dann Klassizismus, denn die klassische Architektur haben wir erfunden. Nun ja, wir und die Griechen. Typisch für römische Bauwerke sind hohe Säulen und Bögen, Peristyle, Innenhöfe mit Wasserbecken, künstlichen Quellen, Wasserfällen und Teichen.

Das Colosseum in Rom

Wenn ihr einmal in der ewigen Stadt vorbeikommt (schließlich führen alle Wege nach Rom), dann könnt ihr noch viel von ihrem ehemaligen Glanz sehen. Stattet auf jeden Fall dem Forum Romanum einen Besuch ab, auf dem nicht nur Märkte abgehalten und öffentliche Feste gefeiert wurden, sondern wo ihr auch Überreste der Curia und des Tempels der Vesta findet. Es braucht nicht viel Fantasie, um euch in unsere Zeit zurückzudenken und euch das Gewimmel von Händlern, Priestern, Senatoren, Sklavinnen und Sklaven, Hausfrauen und spielenden Kindern vorzustellen. Von

Titus wunderbarem Colosseum ist noch der größere Teil vorhanden und ihr könnt just auf dem Boden wandern, auf dem zu meiner Zeit die Gladiatoren kämpften und starben. Was ihr mir aber versprechen müsst, ist, dass ihr euch meinen geliebten Circus Maximus anseht. Ich bin sicher, noch heute riecht es dort nach heißem Sand, nach Pferden und nach Leder.

Wenn ihr etwas richtig Besonderes zu Gesicht bekommen wollt, bemüht euch auch um eine Audienz beim alten Nero. Ich weiß schon, das ist natürlich unmöglich und wahrscheinlich seid ihr gar nicht so scharf darauf, diesem verrückten Kerl zu begegnen. Aber seinen Palast dürft ihr euch nicht entgehen lassen. Die Domus aurea ist ein prächtiges System aus Geheimgängen, kühlen Gärten, luftigen Speisezimmern mit prächtigen Malereien und vergoldeten Wänden …

Wenn ihr schon in Rom seid, könnt ihr auch den Dörfern am Fuße des Vesuvius einen Besuch abstatten. Herculaneum, Pompeii, Oplontis und Stabiae wurden zur Regierungszeit von Titus beim Ausbruch des Vulkans LXXIX n. Chr. zur Gänze zerstört.

**Überreste der Stadt Pompeii und
im Hintergrund der Vulkan Vesuvius**

Das war zwar eine schreckliche Katastrophe, aber unter der Asche und dem brennenden Gestein blieben die Orte unverändert und die Überreste von zahllosen Häusern, Läden, Tempeln und Thermen könnt ihr noch heute besichtigen.

Ihr müsst aber nicht unbedingt nach Rom, um uns Römern zu begegnen. Schließlich haben wir auch bei euch in Germania Spuren hinterlassen. Der Limes, die Grenzmauer, die Kaiser Augustus zum Schutz vor den germanischen Stämmen errichten hat lassen, ist auch in eurer Zeit noch nicht ganz abgetragen.

Obergermanisch-Rätischer Limes in Rheinbrohl

Ich höre, ihr seid sehr friedliebende Menschen, die man nicht mehr durch Mauern abwehren muss, deshalb bröckelt der Limes langsam vor sich hin und wird nicht mehr gebraucht. In der Stadt Aalen, die nach unserem Wort für eine Reitereinheit ("ala") benannt ist, könnt ihr euch ansehen, wie wir Soldaten in unseren Kastellen gelebt haben. Es sind immer noch Überreste der Behausungen und Übungsplätze zu sehen.

Wenn ihr wissen wollt, wie gut es die wohlhabenden Römer einst hatten, so könnt ihr euch direkt ansehen, wie eine Villa rustica aussah. Ich höre, einige unserer Villen, die völlig zerstört waren, wurden in eurer Zeit wieder aufgebaut. In der Nähe von *Solicinium*[50] südlich des Limes gibt es eine solche Villa. Und nicht unweit der keltischen Stadt *Mediomatricum*[51] wurde eine Villa rustica mitsamt Badehaus und Taberna nachgebaut. Also könnt ihr auch bei euch im Norden so einiges von dem erleben, was ich euch erzählt habe.

IV.IV Wie ihr uns Römern auf die Spur kommen könnt

Nun, das Wichtigste ist bestimmt, dass ihr Augen und Ohren offen hält, denn dann könnt ihr unsere Spuren an allen Ecken und Enden erkennen: In eurer eigenen Sprache, in Sitten und Bräuchen und bestimmten Denkweisen; aber auch ganz buchstäbliche Spuren könnt ihr finden, wenn ihr danach sucht. Wir haben an vielen Orten der Welt Straßen, Gebäude und Alltagsgegenstände zurückgelassen, die nur darauf warten, entdeckt zu werden. Je mehr ihr über uns Römer erfahrt, desto mehr werdet ihr auch entdecken. Ihr werdet zum Beispiel überrascht sein, in wie vielen Städten und an wie

---

[50] Nahe Beuren bei Hechingen. Die Villa ist in Hechingen zu besichtigen.
[51] Metz in Frankreich. Die Villa rustica liegt aber in Perl in Deutschland, nahe der französischen Grenze.

vielen Orten ihr lateinische Inschriften finden könnt. Wenn euch wieder mal etwas begegnet, das mit Rom zu tun hat, könnt ihr das ja auf einer Schriftrolle dokumentieren und dann zusehen, wie eure Sammlung langsam wächst. Am besten wird es sein, wenn ihr euch mit Büchern und Erzählungen von echten Römern informiert und euch zugleich hellwach durchs Leben bewegt, immer auf der Suche nach neuen Überraschungen aus unserer Zeit.

Nachwort

Nun sind wir zusammen weit gereist, durch ganz Rom, durch das Imperium Romanum und natürlich auch durch die Zeit. Wenn ich mit jemandem auf Reisen war und wir uns gut unterhalten haben, fällt mir der Abschied immer schwer. So geht es mir auch mit euch, meine *Comites*[52]. Ich wünsche mir sehr, dass wir uns eines Tages wieder sehen und lesen, und natürlich müsst ihr unbedingt die Ewige Stadt besuchen. Meine Erzählungen sind nur ein Vorgeschmack auf den Glanz und die Größe Roms, aber es wäre mir doch recht, wenn sie euch Vergnügen bereitet haben. Natürlich habe ich euch alles aus meinem Blickwinkel berichtet, dem eines einfachen Soldaten aus Italia, weitgereist, aber immer ein Patriot aus dem einfachen Volk, aber interessiert an allem, was mir so begegnet. Andere Menschen haben ganz anderes über Rom zu berichten, und ihr tut gut daran, auch zu hören und zu lesen, was sie zu sagen haben.

In Büchern werdet ihr viel Brauchbares zu unserem Leben und unserer Geschichte finden. Und wer weiß, vielleicht sehen wir uns ja auch zwischen den Rändern einer Schriftrolle wieder. Zumindest würde ich mir wünschen, dass ihr beim Lesen anderer Geschichten hin und wieder an den guten alten Lucius denkt. Wenn ihr aus meinem bescheidenen Buch nicht so viel gelernt habt, dann habt ihr jetzt vielleicht Lust, euch noch mehr in unsere aufregende Geschichte zu vertiefen. Lernen könnt ihr jedenfalls eine ganze Menge von uns Römern.

Ich sage euch: Wenn ihr euch an uns haltet, dann werdet ihr es weit bringen. Schließlich war kaum ein Volk auf der Welt so erfolgreich

---

[52] Begleiter

wie unseres. Ihr müsst ja nicht so reich wie *Crassus*[53] oder so mächtig wie Caesar werden. Ich, der einfache Lucius Caerellius Florens, habe das größte Vergnügen des Lebens entdeckt: zu reisen. Also tut es mir gleich und seht zu, dass ihr so viel wie möglich von der Welt zu sehen bekommt. Da könnt ihr viele Dinge lernen, die sonst nur in Büchern stehen, und manche Dinge, die nicht einmal in Büchern stehen. Ihr müsst nur immer die Augen und Ohren offen halten und nicht verzagen, wenn ihr dem Unbekannten begegnet. Vergesst nie: Fortis cadere, *cedere non potest!*[54]

Ich selbst muss mich nun auch sputen. *Tempus fugit!*[55] Nachdem ich meine freien Tage mit euch zugebracht habe, muss ich mich nun wieder an die Arbeit machen (zugegeben habe ich auch ziemlich viel Zeit in den Thermen und im Circus verbummelt). Ich werde in VI Tagen in meinem Castrum in Buciumi in der *Provinz Dacia*[56] erwartet. Die Schiffsreise an die Küste der Provinz macht mich allein schon beim Gedanken daran ganz schwindelig, und dann muss ich noch zwei Tage auf dem Rücken eines Pferdes reisen. Doch bestimmt werde ich, wie immer, eine Menge sehen und erleben. Ich hoffe, dass ich euch zu einer anderen Gelegenheit von meinen Abenteuern in den Provinzen berichten kann.

Und damit uns der Abschied nun nicht allzu schwer fällt, habe ich für euch noch einen kleinen Spaß vorbereitet. Mal sehen, wie aufmerksam ihr mitgedacht habt, denn jetzt folgen XXVIII Fragen, die ihr so gut wie möglich beantworten müsst!

---

[53] Steinreicher Verbündeter Caesars
[54] Der Tapfere weicht, aber niemals stürzt er.
[55] Die Zeit flüchtet, besser: fliegt.
[56] Heutiges Rumänien

QUAESITA-QUIZ

Wenn ihr die folgenden XXVIII Fragen beantworten könnt, dann würdet ihr euch in Rom problemlos zurechtfinden und vielleicht sogar für Einheimische gehalten werden. Schreibt von jeder eurer Antworten den Anfangsbuchstaben auf. Hintereinander gelesen ergeben die richtigen Buchstaben den Namen meines liebsten Auriga, der für die Roten schon über LXX Wagenrennen gewonnen hat.

I) Bei den Wagenrennen im Circus Maximus gibt es vier Mannschaften, die Roten, die Weißen, die Blauen und die ...

A) Schwarzen
B) Gelben
C) Grünen
D) Violetten

II) Dianas Bruder, der strenge Gott des Lichtes und der Musik heißt ...

A) Mercurius
B) Apollo
C) Hercules
D) Saturnus

III) Die ersten Hochhäuser der Welt, die wir Römer erbauten, heißen ...

A) Insulae
B) Domus
C) Castra
D) Curia

IV) Unser Gott Pluto herrscht über die ...

A) Meere
B) Unterwelt
C) Wälder
D) Provinzen

V) In Rom bezahlen wir mit ...

A) Sesterzen
B) Denaren
C) Drachmen
D) Gulden

VI) Romulus und Remus, die Gründer Roms, stammen aus der Stadt ...

A) Troja
B) Carthago
C) Athen
D) Alba Longa

VII) Der Ort, an dem wir Römer in den Thermen trainieren und Sport machen, heißt ...

A) Palaestra
B) Caldarium
C) Natatio
D) Piscina

VIII) Der große Feldherr Hannibal, der uns mit seinen Elephanti
fast besiegt hätte, gehörte zum Volk der ...

A) Sassaniden
B) Gallier
C) Punier
D) Nubier

IX) Das lateinische Wort für Stadt, VRBS, spricht man so aus ...

A) Titanen
B) Nymphen
C) Laren und Penaten
D) Auguren

X) Jeden Morgen betet die ganze Familie am Lararium zu den ...

A) Schwarzen
B) Gelben
C) Grünen
D) Violetten

XI) Das Lieblingstier der klugen Minerva ist die ...

A) Hirschkuh
B) Taube
C) Gans
D) Eule

XII) Die Mitte eines jeden Monats, an denen der Mond ganz voll ist,
nennen wir ...

A) Iden
B) Kalenden
C) Nonen
D) Terminalien

XIII) Saturnus ist der Sohn des Himmels,
und der trägt den Namen ...

A) Iuppiter
B) Tellus
C) Uranus
D) Venus

XIV) Eine römische Frau trägt über ihrer Tunica eine ...

A) Toga
B) Lange Hose
C) Paenula
D) Stola

XV) Der prächtige Palast, den Nero in Rom bauen ließ, heißt ...

A) Pantheon
B) Domus Aurea
C) Forum Romanum
D) Villa rustica

XVI) Der Kalender, den wir nach Caesars Reform verwendet haben, heißt ...

A) Iulianischer Kalender

B) Cornelischer Kalender

C) Augusteischer Kalender

D) Tiberianischer Kalender

XVII) Zum Nachtisch bei einem römischen Festmahl gibt es manchmal Meeresfrüchte und Kuchen und dazu immer ...

A) Senatores

B) Imperatores

C) Consules

D) Caesares

XIX) Eine lecker gewürzte Wurst, die man in Rom in jeder Taberna bekommt, heißt ...

A) Lucanica

B) Saturnalia

C) Lupercalia

D) Basilica

XX) Posca ist eine Mischung aus Wasser und ...

A) Wein

B) Öl

C) Milch

D) Essig

XXI) Ein Gladiator ist im Normalfall ein …

A) Verbrecher
B) Sklave
C) Barbar
D) Beamter

XXII) Wir Römer sollen unseren Familien und unserem Volk gegenüber Pietas empfinden, das ist ein spezielles Wort für …

A) Angst
B) Mut
C) Liebe
D) Schlauheit

XXIII) Die Auguren beobachten den Flug verschiedener Vögel. Besonders bedeutend für das Vorhersagen der Zukunft ist der Flug der …

A) Hühner
B) Schwalben
C) Störche
D) Adler

XXIV) "Legionär" ist euer Wort für meinen Beruf. Ich selbst bezeichne mich aber als …

A) Miles
B) Centurio
C) Imperator
D) Legatus

XXV) Als Gaius Iulius Caesar sich zum Diktator ernennen ließ, folgte bald das ...

A) Aufbegehren der germanischen Stämme
B) Ende der Republik
C) Verschwinden der Patrizier
D) Aufblühen von Kunst und Kultur

XXVI) Der Platz, an dem in Rom die größten Gladiatorenkämpfe veranstaltet werden heißt ...

A) Circus Maximus
B) Forum Romanum
C) Colosseum
D) Campus Martius

XXVII) Ein Kaiser muss seinem Volk zwei Dinge bieten: Genügend Nahrung und gute ...

A) Unterhaltung
B) Außenpolitik
C) Steuersätze
D) Arbeitsplätze

XXVIII) Zu einem bestimmten Anlass im Jahr tauschen Herr und Sklave in Rom die Rollen. Dieses Fest heißt ...

A) Feralien
B) Meditrinalien
C) Vulcanalien
D) Saturnalien

Nun? Seid ihr auf die richtige Antwort gekommen? Ganz genau! Der Auriga heißt Gaius Appuleius Diocles. Er trägt den Beinamen "Lamecus" und ist der Held vieler Römer. Deshalb ist er wohl auch der reichste Wettkämpfer aller Zeiten. Diocles ist eigentlich kein Römer, sondern stammt aus Lamecum in der Provinz Lusitania, daher kommt auch sein Spitzname. Er ist ganz bescheiden, obwohl er in Sesterzen baden kann. Angeblich hat er in seiner ganzen Karriere als Auriga 36 Millionen Sesterzen verdient. Aber ich habe ihn einmal in einer Taberna getroffen und da hat er ganz freundlich mit mir geredet und mir einen Becher Mulsum spendiert.

Wir werden uns wohl nicht so schnell in einer Taberna treffen, denn ich muss mich nun wirklich auf den Weg nach Dacia machen. Aber trotzdem war mir eure Gesellschaft ein Vergnügen. Ihr habt eure Sache sehr gut gemacht!

Und nun: Valete, liberi!

Lebt wohl, Kinder!

Impressum

Leon Fischer wird vertreten durch:
Dieter Wilk
Herzenhaldenweg 17/1
73095 Albershausen
Baden-Württemberg
Email: wilkd@web.de
Korrektorat/Lektorat: Martina Müller
Covergestaltung: Gabriela Issa Chacón, Dieter Wilk
Innenbuchdesign: Gabriela Issa Chacón, Dieter Wilk
Illustrationen: Canva, Depositphotos
ISBN's:
"978-3-949072-58-1" Taschenbuch
"978-3-949072-59-8" Gebunden

Haftungsausschluss:
Dieses Werk wurde mit größter Sorgfalt nach bestem Wissen und Gewissen erarbeitet und niedergeschrieben. Für die Aktualität, Vollständigkeit und Qualität der Informationen übernimmt der Autor jedoch keinerlei Gewähr. Auch können Druckfehler und Falschinformationen nicht vollständig ausgeschlossen werden. Für fehlerhafte Angaben vom Autor kann keine juristische Verantwortung sowie Haftung in irgendeiner Form übernommen werden.

Printed in Poland
by Amazon Fulfillment
Poland Sp. z o.o., Wrocław

25560997R00057